巴蜀文化旅游走廊
极核城市建设

理论、基础与成都实践

尹　宏　李春艳　余梦秋
赵　嫚　卢晓莉　眭海霞
　　　　郭雪飞　　著

CONSTRUCTION OF CORE CITY
IN THE BASHU CULTURAL TOURISM CORRIDOR

Theory, Fundamentals and Chengdu's Practice

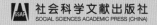
社会科学文献出版社
SOCIAL SCIENCES ACADEMIC PRESS (CHINA)

目　录

绪　论

一　研究背景与研究目的

《成渝地区双城经济圈建设规划纲要》明确提出，"共建巴蜀文化旅游走廊。充分挖掘文化旅游资源，以文促旅、以旅彰文，讲好巴蜀故事，打造国际范、中国味、巴蜀韵的世界级休闲旅游胜地"①。2022年，文化和旅游部、国家发展改革委、重庆市人民政府、四川省人民政府联合印发《巴蜀文化旅游走廊建设规划》，要求以重庆主城和成都双核为驱动，打造全国文化旅游发展创新改革高地、全国文化和旅游协同发展样板、世界级休闲旅游胜地。该规划指出，成都都市核要"以成都为核心，突出成都旅游都市型、国际化和综合性的特点，加快休闲消费提质扩容和转型升级，培育一批国际一流、全国领先的文商体旅融合发展优质产品，建设世界文创、旅游、赛事名城和国际美食、音乐、会展之都"；重庆都市核要"以重庆主城为核心，丰富优质文化和旅游产品供给，构建'两江四岸'文化旅游休闲核心区、中心城区文化旅游休闲集聚圈、主城新区旅游休闲和乡村旅游发展区，强化都市旅游集

---

① 《成渝地区双城经济圈建设规划纲要》，《人民日报》2021年10月21日，第12版。

1

散功能和辐射带动作用，建设国际消费中心城市、世界知名都市旅游目的地"。①

建设巴蜀文化旅游走廊，是探索推动成渝地区双城经济圈跨区域文化旅游协同融合发展的重要举措。近年来，文化旅游逐步成长为引领成渝地区经济增长和市场消费结构升级的强劲领域之一，业态关联性和市场辐射力不断加强。从整体来看，在国家政策和经济发展的加持下，川渝旅游产业和文化产业产值都有较快增长，发展环境不断优化，但是极核城市与节点城市之间，在文旅发展速度和水平上仍然存在明显的差异。如何发挥极核城市的辐射带动作用，促进区域文旅合作和一体化发展，还缺乏相应的理论准备和实践积累。有必要厘清巴蜀文化旅游走廊建设进程中暴露出的发展不平衡、不充分的深层矛盾，着力破解区域文旅要素配置瓶颈和区域协同的政策难题，以推动巴蜀文化旅游走廊建设目标落实落地。

建设巴蜀文化旅游走廊极核城市，是推动成都文化旅游实现高质量发展的客观要求，也是推动成渝双城经济圈、成都都市圈文化旅游一体化发展的重要任务，更是培育中国文化与旅游发展新空间的重要举措。本书基于对巴蜀文化旅游走廊极核城市的理论和现实基础分析，科学研判建设巴蜀文化旅游走廊极核城市的优势条件和制约短板，借鉴国内外文化旅游极核城市建设的先进经验，探讨建设巴蜀文化旅游走廊极核城市的总体思路和路径选择，并对文化保护传承、文旅融合发展、科技赋能文旅产业、区域文旅一体化发展等进行了系统研究，为成都提升极核主干位势能级，更好发挥文化旅游的支撑引领、辐射带动作用，打造全国文化和旅游创新发展增长极和强劲动力源提供决策参考。

---

① 《文化和旅游部 国家发展改革委 重庆市人民政府 四川省人民政府关于印发〈巴蜀文化旅游走廊建设规划〉的通知》，重庆市人民政府网，2022年5月26日，http://www.cq.gov.cn/zt/cydqscjjq/zcwj/202205/t20220526_10755745.html。

二　研究框架与主要内容

本书以巴蜀文化旅游走廊极核城市"建设背景—建设基础—建设挑战—建设路径"为基本思路，通过对文化旅游走廊、极核城市等关键词和相关理论的文献综述，梳理总结巴蜀文化旅游走廊建设的理论与现实基础，在巴蜀文化旅游走廊已有的建设基础上，科学研判成都建设巴蜀文化旅游走廊极核城市的优势条件和短板制约，在借鉴国内外文化旅游极核城市建设先进经验的基础之上，探讨巴蜀文化旅游走廊极核城市建设的总体思路和路径选择。本书共包括九部分，主要内容如下。

绪论。主要对本书的研究背景、研究目的、研究思路、研究内容、研究方法、学术价值与创新进行总体概括。

第一章"巴蜀文化旅游走廊研究综述"。对文化旅游与文旅融合发展、极核城市与文化旅游走廊极核城市、文化旅游走廊与巴蜀文化旅游走廊等概念进行文献综述，梳理总结国内相关研究动态。

第二章"巴蜀文化旅游走廊极核城市建设的理论与现实基础"。基于文献综述，重点对文化旅游走廊、文化旅游走廊极核城市、巴蜀文化旅游走廊极核城市等概念进行界定，并基于增长极理论和国内已有文化旅游走廊建设经验，总结提炼文化旅游走廊极核城市特征和功能，分析巴蜀文化旅游走廊极核城市建设宏观背景。

第三章"巴蜀文化旅游走廊建设的总体概况"。重点介绍巴蜀文化旅游走廊内的文化旅游资源、文旅产业发展、文化事业发展、区域协同发展等总体情况，为研究成都极核城市的辐射引领带动作用奠定基础。

第四章"巴蜀文化旅游走廊文旅产业融合发展水平评价"。从区域文旅融合发展视角，选取巴蜀文化旅游走廊内16个节点城市进行文旅产业融合发展水平测度，科学分析巴蜀文化旅游走廊文旅融合发展水平、发展特征，研判制约巴蜀文化旅游走廊文旅融合发展的因素，分析巴蜀文化旅游走廊节点城市文旅发展的空间异质性。

第五章"成都建设巴蜀文化旅游走廊极核城市的优势条件"。立足成都在巴蜀文化旅游走廊极核城市建设中的战略定位，重点分析成都在经济总量、战略区位、对外开放、文旅资源、文旅产业等方面的优势，并从政策及发展要素保障等方面，研判成都建设巴蜀文化旅游走廊极核城市的优势条件。

第六章"成都建设巴蜀文化旅游走廊极核城市面临的主要挑战"。从文化事业发展、文旅产业发展、经济辐射带动、区域文化消费、市场活力等方面，以直辖市、部分副省级城市为重点，对标国内先发文旅极核城市，分析成都作为巴蜀文化旅游走廊极核城市在辐射带动引领区域文旅发展方面存在的问题与短板。

第七章"国内外文旅极核城市建设的经验借鉴与启示"。梳理总结国内外都市圈、文化旅游带极核城市带动区域文化旅游一体化发展的经验，从发展理念、发展思路、建设重点、建设手段、建设方式等方面，梳理其建设经验，总结对成都建设巴蜀文化旅游走廊极核城市的借鉴和启示。

第八章"成都建设巴蜀文化旅游走廊极核城市的总体思路与路径选择"。基于巴蜀文化旅游走廊极核城市建设的战略定位，提出成都建设巴蜀文化旅游走廊极核城市的总体思路，以及四大基本原则、四大目标定位、五大突破方向和八大建设路径。

三 研究方法与主要观点

（一）研究方法

1. 文献研究与案例研究

本书通过文献查阅，对文化旅游、文化旅游走廊、极核城市、文化旅游走廊极核城市、巴蜀文化旅游走廊极核城市等核心概念进行梳理分析，明确研究范畴、研究对象和研究内容；通过国内外文旅极核城市发展案例研究，总结分析文旅极核城市建设趋势、建设模式、建设路径。

2. 定量分析与定性分析

本书选取巴蜀文化旅游走廊中的 16 个城市，借助耦合协调度模型对巴蜀文化旅游走廊文旅产业融合发展水平进行测度；采用 σ 收敛、β 收敛检验等收敛分析，测算巴蜀文化旅游走廊文旅产业的融合度；借助探索性空间数据分析（ESDA），测度巴蜀文化旅游走廊文旅产业融合的空间关联性和集聚性；通过定性对比国内先发城市典型经验，发现巴蜀文化旅游走廊极核城市在建设模式、建设领域、建设体制机制等方面的问题与不足，探寻巴蜀文化旅游走廊极核城市建设的目标、任务与具体路径。

3. 实地调研

笔者先后赴重庆、成都、德阳、眉山、资阳等地，实地调研重庆中国三峡博物馆、金沙遗址博物馆、三星堆博物馆、三苏祠博物馆、江口沉银博物馆、仙女山国家森林公园、龙泉山城市森林公园以及都江堰—青城山、安仁古镇等重要景区景点，考察区域文旅一体化发展情况；与重庆长江经济发展研究院、成都市文化广电旅游局、成都市委宣传部、成都文旅集团、东郊记忆·成都国际时尚产业园等部门、园区和文旅企业代表交流座谈，获取重庆、成都两地文旅发展相关政策和规划等一手数据资料。

4. 专家咨询

多次邀请区域经济学、产业经济学、旅游经济学，以及管理学、社会学、历史学、文学等相关领域知名专家学者，对研究思路、研究框架、研究提纲和研究内容进行论证指导。

（二）主要观点

第一，文化旅游走廊极核城市具有支撑功能、引领功能和带动功能。文化旅游走廊极核城市是指文化旅游走廊中文化旅游资源丰富、文旅产业相对发达、文旅基础设施现代化水平高、文旅品牌影响力较大、具有吸引力和带动力的城市，是能够集聚走廊内文旅发展要素、辐射和带动文化旅游走廊整体高效发展的引擎城市。

第二，巴蜀文化旅游走廊极核城市具有"中心性"和"扩散性"特征。"中心性"主要表现在能够集聚走廊内文化旅游资源，是川渝地区文旅经济核心区、文创产业集聚地、文旅深度融合示范区，也是文旅消费的示范区、公共文化服务高质量发展的样板区；"扩散性"主要表现在极核城市文旅资源优势的扩散，文旅新业态、消费新场景的辐射，推动形成全域资源共享、优势互补的格局，从而实现由"点"带"线"、由"线"成"面"、由"面"成"网"的空间扩散过程。

第三，巴蜀文化旅游走廊极核城市的文旅融合度较高，但极化效应突出。研究发现，重庆、成都的极化效应突出，其他 14 个城市与两大极核城市文旅融合水平的梯度差明显。从文旅一体化程度来看，核心城市对周边的辐射带动效应远低于虹吸效应，资本、人力等资源流向核心城市的态势非常明显，核心城市与周边的互动、互促态势尚未形成，需要尽快发挥增长极作用，促进巴蜀文化旅游走廊一体化发展。

第四，巴蜀文化旅游走廊极核城市建设面临六大挑战。从巴蜀文化旅游走廊极核城市的功能来看，成都建设巴蜀文化旅游走廊极核城市还存在文旅产业竞争力不强、文旅区域带动力不足、科技赋能创新力不高、文旅市场活力不够、公共文化服务不均衡、具有世界影响力的文旅品牌不多等问题。

第五，巴蜀文化旅游走廊极核城市建设应遵循四大基本原则，锚定四大目标定位，找准五大突破方向，选择八大建设路径。成都建设巴蜀文化旅游走廊极核城市，应遵循"系统谋划，统筹推进""以人为本，共建共享""创新引领，融合发展""立足国际，开放协同"四大基本原则；锚定四大目标定位，即建设文旅区域协同高质量发展示范区，建设文化遗产保护活化利用标杆城市，建设世界级文化旅游休闲胜地，建设世界级文化旅游消费目的地；找准五大突破方向，即坚持数字文旅引领、推动产业跨界融合、强化文旅品牌带动、深化产城融合驱动、强化区域联动协同；选择八大建设路径，即以保护传承为重点丰富城市文旅内涵，以文旅融合为核心提升文旅产业发展能级，以科技赋能为引擎促进文旅产业转型升级，以一体化为导向推动区域文旅协同发展，以场景创新为支撑加快文旅消费提质扩容，以品牌塑造为抓手扩大文旅国际影响力，以优质均衡为目标优化文旅公共服务，以要素供给为保障优化文旅发展环境。

四　创新之处与学术价值

（一）创新之处

第一，对巴蜀文化旅游走廊极核城市的内涵和功能进行了界定。党的十八大以来，国家规划建设了黄河文化旅游带、大运河文化带等多个文化旅游走廊，以此为抓手推动文化旅游高质量发展。目前，文化旅游走廊的建设还缺乏理论指导，且对实践的总结也较少，特别是文化旅游走廊极核城市的内涵和功能还比较模糊。因此，本书首次对文化旅游走廊、文化旅游走廊极核城市、巴蜀文化旅游走廊极核城市的内涵和功能等进行了界定。

第二，用耦合协调度模型、收敛分析和探索性空间数据分析等方法对巴蜀文化旅游走廊文旅融合发展水平和差异性进行了实证分析。从过去的学术研究来看，其更多是以定性分析的方式评价文旅产业融合发展水平和差异水平。本书采用耦合协调度模型、收敛分析和探索性空间数据分析等方法，从融合度、融合度空间分布、空

7

间演进等方面，对巴蜀文化旅游走廊中 16 个城市文旅产业融合发展水平进行了测度和分析，更加客观地反映了巴蜀文化旅游走廊极核城市与其他城市文化旅游融合发展水平的差异。

第三，突出了极核城市在巴蜀文化旅游走廊中的重要地位。从过去的学术研究成果来看，对巴蜀文化旅游走廊的研究更多是从川渝两省市出发对文化旅游或其中某一领域进行研究，提出推进巴蜀文化旅游走廊发展的建议。本书从区域协同视角，在对巴蜀文化旅游走廊文旅资源、文旅产业和公共文化服务等方面进行全面梳理的基础上，深度剖析极核城市的文旅发展优势条件和面临的主要挑战，提出巴蜀文化旅游走廊极核城市建设的基本原则、目标定位、突破方向和路径选择。

（二）学术价值

第一，填补国内对巴蜀文化旅游走廊研究专著的空白。对巴蜀文化旅游走廊进行文献检索发现，自 2022 年 5 月出台《巴蜀文化旅游走廊建设规划》以来，研究巴蜀文化旅游走廊的相关学术文章大约有 20 篇，未见出版研究巴蜀文化旅游走廊的学术专著。

第二，为中国文化旅游走廊极核城市建设提供参考和借鉴。本书可为参与和关注巴蜀文化旅游走廊建设的相关政府部门、研究机构、高校师生和企业提供相关信息和参考，更重要的是，可为中国文化旅游走廊建设，特别是极核城市的建设提供样本和借鉴。

第一章
巴蜀文化旅游走廊研究综述

本章基于增长极理论，从国家和城市两个层面，对"文化旅游""极核城市"等基本概念和相关研究进行文献梳理，在此基础之上进一步阐释"文化旅游极核城市""文化旅游走廊""巴蜀文化旅游走廊极核城市"等概念的由来、内涵和基本特征，为巴蜀文化旅游走廊极核城市建设研究提供理论依据和学理支撑。

一　文化旅游融合发展研究综述

"文化旅游"是一种特殊的文旅体验活动，是人们出于文化动机而进行的活动，诸如研究性旅行、艺术表演、文化旅行、历史遗迹参观、宗教朝圣、其他文化事件的旅行。[①] 也有学者从游客特征的角度分析，认为文化旅游是对体验文化经历有兴趣的游客的旅游行为。[②] 根据世界旅游组织的定义，文化旅游则是人们为了满足自身文化需求而前往异地文化景观场所进行的非营利性活动。旅游与文化历来相生相伴、如影随形、不可分割。文化能够丰富旅游的内涵，

[①]　徐菊凤：《旅游文化与文化旅游：理论与实践的若干问题》，《旅游学刊》2005 年第 4 期。
[②]　王文祥：《文化旅游产业国内外研究综述》，《学术交流》2010 年第 11 期。

反之，旅游又能够创造文化承载，文化与旅游才能相得益彰，焕发出强大的生命力。因此，概括来讲，广义的文化旅游泛指一切旅游活动；狭义的文化旅游是指旅游者通过消费文化旅游产品，体验其中的文化内涵，从而获得精神享受的一种旅游活动。

近年来，国内学者多重视和强调文化与旅游的融合性。因为从本质属性来看，文化与旅游两者具有内在的关联性，文化是旅游的内涵属性，而旅游则是文化产品的重要载体和价值实现途径。[1] 由于文化与旅游内在的关联性，文化旅游产业融合发展也成为必然。一方面，随着大众生活方式与消费观念的更新，人们对旅游的需求更加强调精神和文化方面的诉求；另一方面，市场竞争必然会推动文化产业与旅游产业加强合作，实现地方文化旅游产业的优化升级。[2] 旅游与文化的融合发展，既是新时代全面小康、温饱解决后，实现人民对美好生活的向往、我国社会主要矛盾变化的要求；又是人民友好往来、文化互鉴，进一步扩大对外开放，让东方文明更多地"走出去"、构建人类命运共同体的需要；也是文化和旅游互补短板的需要。[3] 在实践层面，2018 年 3 月，文化部、国家旅游局被批准整合为文化和旅游部，标志着中国促进文化和旅游融合发展成为国家战略部署进入实质性发展阶段；到 2018 年底，有 25 个省市就文旅产业融合发展出台了相关指导意见和配套措施，文化与旅游融合发展开始步入快速发展时期。

综观当前"文旅融合"相关研究，其内容主要聚焦于三个方面。一是文旅融合影响效应的研究。[4] 已有观点认为，文旅融合可以促进

---

① 方忠、张华荣：《文化产业与旅游产业耦合发展的实证研究——以福建省为例》，《福建师范大学学报》（哲学社会科学版）2018 年第 1 期。

② 邹芸：《文化创意产业和旅游产业融合路径选择——以成都市为例》，《旅游纵览（下半月）》2017 年第 6 期。

③ 文月、叶礼萍：《加强旅游文化建设 推动文旅融合高质量发展》，罗江区人民政府网，2022 年 5 月 27 日，https://www.luojiang.gov.cn/gk/xwzx/bmdt/1522774.htm。

④ 于秋阳、王倩、颜鑫：《长三角城市群文旅融合：耦合协调、时空演进与发展路径研究》，《华东师范大学学报》（哲学社会科学版）2022 年第 2 期。

产业交叉重构、优化资源配置，具有保证、推动文化交流与传播的社会效应①和增加当地收入的经济效应②。二是融合模式和路径的研究。已有观点认为，当下存在文化和旅游的资源融合、产品融合、产业融合三种主要模式③，针对不同的文旅融合模式要采取因地制宜的发展路径。三是影响因素的研究。学者发现经济发展水平、市场环境、基础设施、科技创新以及人才储备等因素对文旅融合都会产生影响。④ 在研究方法上，关于文旅融合的定性研究多是基于区域个案的文旅融合情况，选择尺度以全国、省级或市级行政单位为主；定量研究多采用非回归的方法，进行耦合度和系统协同性的研究。⑤但与文旅产业融合的发展实践和引导区域发展的急迫需求相比，现阶段关于文旅产业融合，尤其是区域文旅产业融合的高质量研究还相对较少，在实践中仍然存在许多问题和挑战。

二　极核城市与文旅极核城市研究综述

增长极理论认为，生产要素的流动、技术的创新和进步将推动资本在特定区域内的集聚，从而形成中心城市（即极核城市），并将进一步演化出城市群、都市圈（形成多个极核城市），这也被国内外

① Anne-Mette Hjalager, "Cultural Tourism Innovation Systems—The Roskilde Festival," *Scandinavian Journal of Hospitality & Tourism* 9 (2009): 266–287.

② Nicola Bellini, et al., "Tourism and Regional Economic Resilience from a Policy Perspective: Lessons from Smart Specialization Strategies in Europe," *European Planning Studies* 25 (2017): 140–153.

③ Adam Brown, Justin O'Connor, Sara Cohen, "Local Music Policies within a Global Music Industry: Cultural Quarters in Manchester and Sheffield," *Geoforum* 31 (2000): 437–451；田志奇：《文旅融合下旅游目的地互联网思维的产品营销及创新》，《旅游学刊》2019 年第 8 期。

④ E. Azmi and M. Z. Ismail, "Cultural Heritage Tourism: Kapitan Keling Mosque as a Focal Point & Symbolic Identity for Indian Muslim in Penang," *Procedia-Social and Behavioral Sciences* 222 (2016): 528–538；程锦、陆林、朱付彪：《旅游产业融合研究进展及启示》，《旅游学刊》2011 年第 4 期。

⑤ 李丽、徐佳：《中国文旅产业融合发展水平测度及其驱动因素分析》，《统计与决策》2020 年第 20 期。

城市发展实践所证明。当前，我国文化旅游产业日益成为国民经济战略性支柱产业，并在空间上形成以极核城市为中心的带状分布形态，本节将探讨都市圈、城市群中极核城市的形成和特征，以及"文化旅游极核城市"的主要特征。

（一）极核城市与都市圈、城市群

20 世纪 50 年代，法国经济学家佩鲁最早提出增长极理论，认为由于技术的创新和进步，社会经济客体在特定城市集聚而使经济高效发展，形成增长极，并在增长极集聚的基础上进一步向外围地区扩散而带动该地区的发展。[①] 具体而言，当主导产业在某一地区集聚时，伴随技术创新能力与水平的提升，资本会进一步加速集聚，从而形成规模经济效益；当达到一定水平时，又会带动劳动力、资金、技术、设备、信息等要素在一定程度上从集聚区域向外或向其他产业扩散，产生扩散效应，从而加速其他产业或其他区域的经济增长。

增长极理论较早地被西方国家作为促进经济有效发展、解决萧条区域问题、实施城市规划布局的有效工具和手段。例如，以纽约都市圈、洛杉矶都市圈、芝加哥都市圈、东京都市圈等为代表的国际大都市圈，充分证明了以中心极核城市联动城市郊区所组成的区域集聚区，在带动和促进本区域以及本国经济社会发展过程中起到至关重要的作用，甚至影响着全球发展。在中国，20 世纪 90 年代以来，以大城市或特大城市为核心的都市圈建设，如长三角、珠三角、京津冀等，已成为国家谋划区域发展、推动经济社会发展和参与全球竞争的重要战略平台。尤其是近年来，国家发展改革委陆续批复南京都市圈、福州都市圈、成都都市圈、重庆都市圈、长株潭都市圈、西安都市圈等发展规划，以都市圈为特征的城市发展模式已上升为中国区域发展的国家战略。

---

① 张晓虎：《增长极理论对区域经济发展的启示》，《内蒙古民族大学学报》（社会科学版）2015 年第 3 期。

综上可知，增长极理论下的极核城市或中心城市具有集聚经济发展要素、促进区域极化增长、带动区域繁荣发展、扩散经济效应等积极功能。但同时也要注意极化效应带来的负面影响，即资金、物资、人才、信息等要素在集聚过程中，会影响周边其他区域对生产要素的吸收，从而使周边区域经济萎缩、发展减速等。例如，法国大巴黎地区的极化效应，导致法国出现区域经济发展不平衡现象，从而产生诸多负面影响。因此，为防止过度的极化效应，需要合理规划区域发展，如发展城市群、增加卫星城市和副中心城市，以避免单中心城市的盲目发展和区域内的不平衡发展问题。

根据近年来国内外城市发展实践的探索经验，增长极理论下区域极核城市发展有如下几方面特征。

一是极核辐射带动形成的城市群内可能会出现一个或多个增长极。从全球城市发展历程来看，国际大都市普遍经历了"单核心城市—城市组团—多核心都市圈—城市群"的空间演变过程。如京津冀城市群、长三角城市群、粤港澳大湾区、成渝城市群、长江中游城市群等国家级城市群，其带动区域协调发展的基本路径就是核心城市带动周边中小城市形成现代化都市圈，再联动城市群，进而带动区域协调发展。[①] 到2022年底，长三角城市群形成了上海、南京、苏锡常、杭州、合肥和宁波六大都市圈；长江中游城市群构建起了武汉、长株潭和南昌三大都市圈。这些城市群内部以超大、特大城市或辐射带动功能较强的大城市为中心，其内部至少有一个规模等级较高的中心城市与周边小城市形成紧密联系、融合互补的分工协作关系。[②]

二是极核城市或中心城市对带动地区经济发展起着巨大作用。

[①]　刘美琳、吴文汐：《中国区域经济进阶之路：五大核心增长极崛起，迈向世界级城市群》，21世纪经济报道，2022年10月16日，https://m.21jingji.com/article/20221016/herald/254c40929798fa74cd5ec5f8ff9ebbb4_ths.html。

[②]　赵弘、刘宪杰：《以现代化都市圈建设推动京津冀世界级城市群高质量发展》，《经济论坛》2022年第8期。

20 世纪末以来，中国东部沿海地区形成了长三角、珠三角、京津冀三大城市群，其经济总量超过全国的 40%，并呈现多中心、网络化发展特征；在中部地区，自"中部崛起"战略实施以来，中部六省得到显著发展，其中各省的省会城市发展最快，成为本地区的增长极，带动周边区域发展，从而形成了围绕省会城市的经济集聚区或省会城市群、都市圈。① 城市群内的都市圈，是城市群发展的核心引擎，也是中国区域经济发展的重要支撑力量。例如，长三角城市群内的南京都市圈，其 10 个地区 2021 年共实现地区生产总值 46665.68 亿元，总量占全国的比例为 4.1%，且有 8 个地区的地区生产总值增速高于全国，7 个县（市）进入全国百强县（市）②；2010～2020 年，福州都市圈经济总量由 4712.4 亿元增长到 15283.0 亿元，占福建省地区生产总值的比例由 31.4% 上升到 34.8%，其中福州市作为都市圈的中心城市，经济总量占整个都市圈经济总量的 65.0%，是福州都市圈乃至整个福建高质量发展的增长极③；长株潭都市圈 2021 年以湖南 8.9% 的面积，创造了全省 39% 的地区生产总值，即 1.79 万亿元④。

三是城市群、都市圈均超越了城市行政地域的范畴。都市圈是由中心城市与经济社会高度一体化的周边地区共同构成的地域单元⑤，是城市群内部以超大、特大城市或辐射带动功能强的大城市为中心，以 1 小时通勤圈为基本范围的城镇化空间形态⑥。城市群、都

---

① 李国平、王志宝：《中国区域空间结构演化态势研究》，《北京大学学报》（哲学社会科学版）2013 年第 5 期。
② 王海平：《南京都市圈获批一周年：产业链迈向跨省融合，中心城市辐射或催生更多百强县》，21 世纪经济报道，2022 年 7 月 8 日，https://m.21jingji.com/article/20220708/herald/aa6e5ce11890ca4462ebb2f5e4e91572_ths.html。
③ 董红燕：《福州都市圈的形成与发展》，《中国投资》2022 年第 Z4 期。
④ 胡顺：《2022 首个获批国家级都市圈 长株潭终于"晋级"了》，长沙信息网，2022 年 5 月 7 日，https://www.ccoo.cn/bbs/58573768x.html。
⑤ 程雷：《都市圈旅游系统组织结构、演化动力及发展特征》，《旅游纵览（下半月）》2019 年第 4 期。
⑥ 杨开忠、姚凯主编《成都都市圈建设报告（2021）》，社会科学文献出版社，2022，第 3 页。

市圈的中心城市规模等级较高，能够辐射带动周边城市，形成圈内各城市经济、社会、文化等各方面要素的互动与互补。因此，地缘相近、山水相依的异省城市，可以在同一个都市圈内协同发展。国内外典型的都市圈、城市群均超出单一城市行政地域的限制，形成了跨行政区域的区域协作发展模式，是国家或区域参与全球竞争与合作的重要空间地域单元。

四是以"一体化"为导向实现区域内常态化合作。"一体化"是提升区域竞争力的重要途径，其核心思想是最大限度地减少各区域之间在经济贸易、技术转化、合作投资、交通运输等方面的障碍和限制，促使资源配置能够在区域范围内自由进行，从而实现经济贸易发展、技术进步等目标。① "一体化"合作发展，既包含跨区域的政府协作，也包括交通网络、公共服务、产业发展、市场贸易、生态文明等一体化服务内容。"一体化"是城市群、都市圈建设的内在要求，反过来，城市群、都市圈又是区域一体化的重要平台和枢纽。都市圈是城市群内发展水平和一体化程度最高的区域。

（二）文旅极核城市

1. 文化旅游产业是国民经济战略性支柱产业

当前，文化旅游产业成为中国旅游业转型升级、创新发展的主流模式，是都市圈经济社会发展和现代化产业体系建设的重要内容，是培育新的经济增长极的重要支撑点之一。早在 2012 年，国务院印发的《服务业发展"十二五"规划》就明确提出要在"十二五"期间将旅游业初步发展成为国民经济的战略性支柱产业。2012 年以来，中国国内旅游收入年均增长 10.6%左右，2019 年总收入达到 6.63 万亿元，旅游及相关产业增加值达 4.5 万亿元，占 GDP 的比例达

---

① 陈文、游钰：《论区域经济一体化与竞争机制的完善》，《武汉大学学报》（哲学社会科学版）2010 年第 3 期。

4.56%左右。① 尽管受新冠疫情冲击，但总体来讲旅游业的支柱性地位并未发生改变。

在文化产业方面，回顾"十三五"期间文化产业发展成效，截至 2019 年，全国文化及相关产业增加值为 4.4 万亿元，占 GDP 的比例为 4.5%②，文化产业在国民经济中所占比例稳步上升，"文化产业成为国民经济支柱性产业"的目标基本实现。从地方实践看，"十三五"期间，全国 31 个省（区、市）文化产业增加值占地区生产总值的比例达到 5% 以上，且北京、上海、广东、江苏、浙江、福建、湖南的文化及相关产业成为支柱产业。③ 例如，浙江省 2020 年文化产业和旅游业增加值占国内生产总值的比例分别为 7.4% 和 7.9%，旅游从业人员占全省从业总人数的比例达到 10% 以上④；南京市 2020 年文化产业增加值为 930 亿元，占地区生产总值的比例为 6.3%，"十三五"期间，全市旅游产业年均增长率为 13.33%，旅游项目投资额位居全省第一⑤。

进入"十四五"时期，文化旅游业作为国民经济战略性支柱产业的地位更为巩固，成为传承和弘扬中华文化的重要载体、促进经济结构优化的重要推动力、践行"绿水青山就是金山银山"理念的重要领域、打赢脱贫攻坚战和助力乡村振兴的重要生力军，以及加强对外交流合作和提升国家文化软实力的重要载体。2021 年，文化和旅游部先后发布《"十四五"文化和旅游发展规划》与《"十四

---

① 《十年来旅游业快速发展 国民经济支柱产业地位更加巩固》，光明网，2022 年 8 月 18 日，https://m.gmw.cn/baijia/2022-08/18/1303098194.html。

② 田宁：《文旅迈入"十四五"新征程——解析"十四五"期间我国文化旅游产业的新发展》，《中国会展（中国会议）》2022 年第 2 期。

③ 田宁：《文旅迈入"十四五"新征程——解析"十四五"期间我国文化旅游产业的新发展》，《中国会展（中国会议）》2022 年第 2 期。

④ 《积极探索文化和旅游促进共同富裕的有效路径——文化和旅游部政策法规司相关负责人就〈关于高质量打造新时代文化高地推进共同富裕示范区建设行动方案（2021—2025 年）〉答记者问》，《中国文化报》2021 年 11 月 25 日，第 1 版。

⑤ 张甜甜、祁绩：《推动南京文化产业和旅游产业高质量发展》，"人民资讯"百家号，2022 年 6 月 14 日，https://baijiahao.baidu.com/s?id=1735560598280122618&wfr=spider&for=pc。

五"文化产业发展规划》，明确提出到 2025 年"文化事业、文化产业和旅游业成为经济社会发展和综合国际竞争的强大动力和重要支撑"，文化产业"对国民经济增长的支撑和带动作用得到充分发挥"；国务院印发的《"十四五"旅游业发展规划》也明确要求文化和旅游深度融合。随后，20 余个省（区、市）陆续发布地方"十四五"文化旅游发展规划，多数提出到 2025 年文化及相关产业增加值超过千亿元或地区生产总值占比超过 5% 的目标。例如，《河南省"十四五"文化旅游融合发展规划》明确提出，到 2025 年底，全省旅游业综合贡献占地区生产总值的比例超过 12%，全省文化产业增加值占地区生产总值的比例超过 5%，文旅文创要成为全省战略性支柱产业。①

2. 城市群、都市圈中的文旅极核城市

如前所述，由于文旅产业链条长、涉面广、业态新，对其他产业的带动作用明显，是当前城市群和都市圈加快经济发展方式转变、建立现代化产业体系、培育新的经济增长极的重要内容。② 但相较而言，城市群、都市圈内各城市的文化旅游产业发展并不平衡，表现出以极核城市为核心引领的阶梯式发展态势。

以南京都市圈为例，有学者对 2001~2010 年 10 年间南京都市圈入境旅游规模进行了分析比较，指出南京都市圈 8 地旅游规模首位分布异常明显，中心城市南京一直是入境旅游的"领头羊"，如2010 年，南京市入境旅游规模为 120.88 万人，居都市圈第一位，是居于末尾的巢湖市的 77 倍③；2011~2021 年，南京全市文化产业增加值从 262.00 亿元增长到 1063.99 亿元，占全市地区生产总值的比例从 4.26% 增加到 6.50%，文化产业水平指数、发展指数和综合指

---

① 《建设文化强省！河南省"十四五"文化旅游融合发展规划公布》，河南省人民政府网，2022 年 1 月 14 日，https://www.henan.gov.cn/2022/01-14/2383167.html。
② 陆林：《都市圈旅游发展研究进展》，《地理学报》2013 年第 4 期。
③ 陈文、游钰：《论区域经济一体化与竞争机制的完善》，《武汉大学学报》（哲学社会科学版）2010 年第 3 期。

数均名列全省第一①。

总体来看，极核城市无论在经济总量还是文化旅游产业生产总值方面，其对周边地区的引领带动作用均十分明显。也有观点认为，城市群、都市圈内部的发展不平衡在其发展初期是普遍存在的现象，因为任何一个城市群早期都会有一个极化阶段，即中心城市率先发展，当发展到一定阶段后，中心城市的溢出效应逐渐增强，虹吸效应就会逐渐减弱直到消失。②

如果将两个或多个极核城市串联，在增长极之间相互连接形成"发展轴"，那么"发展轴"一定具有增长极的所有特点，并且作用范围更大、经济辐射作用更强。③ 例如，作为长江中游城市群第二个都市圈——长株潭都市圈，将长沙、株洲、湘潭三个核心城市串联。2022 年出台的《关于实施强省会战略支持长沙市高质量发展的若干意见》也明确提出"共建长株潭旅游环线""打造世界旅游目的地和国家旅游休闲城市"的目标任务。又如，作为全国六大都市圈之一的杭州都市圈，以杭州、黄山为核心，在两地之间建立起"杭黄世界级自然生态和文化旅游廊道"；具有一定规模的区域性城市群——山东半岛城市群，分别以济南、青岛两市为中心相向发展，建设起"济青发展轴"。

综上可知，"轴""带""环线""走廊""廊道"等的建设，是都市圈、城市群内部或相互之间协同发展的渠道和方式方法，是贯彻落实区域发展战略、提升区域整体发展质量与水平的具体措施和重要平台。

---

① 《奋进新江苏 建功新时代 | 加快建设新时代"文化强市"！南京全市文化产业增加值突破千亿元》，我苏网，2022 年 8 月 16 日，https://www.ourjiangsu.com/a/20220816/16606211 89997.shtml。

② 刘美琳、吴文汐：《中国区域经济进阶之路：五大核心增长极崛起，迈向世界级城市群》，21 世纪经济报道，2022 年 10 月 16 日，https://m.21jingji.com/article/20221016/herald/ 254c40929798fa74cd5ec5f8ff9ebbb4_ths.html。

③ 张珺、李萌、武田冀：《基于增长极理论的区域一体化发展中的应用》，《对接京津——新的时代 顶层设计论文集》，河北廊坊，2020 年 11 月 20 日，第 46~53 页。

三　巴蜀文化旅游走廊极核城市研究综述

根据上一节研究结论，多个极核城市或城市群串联形成的"发展轴"即可视为"走廊"，那么"巴蜀文化旅游走廊极核城市"即是指串联并辐射、引领成渝两地文化旅游产业发展的成都、重庆两个城市。本节在梳理巴蜀文化旅游走廊相关研究文献的基础上，简要分析重庆、成都两大极核城市的基本情况。

（一）文化旅游走廊

关于文化旅游走廊，目前学术界还没有统一的定义。它与文化旅游廊道、文化旅游长廊、文化旅游带等概念相近，均指一种区域文化旅游空间的组织方式，一般常见于政府规划文件。从文化角度看，它以特定文化旅游资源为主题；从地理空间看，它是通过整合和串联区域文化旅游资源而形成的特定廊道或带状区域。从本质上看，它是文化旅游要素的空间聚合和生产力的空间布局，通常是以交通干线、山脉河流等带状旅游要素为轴线，以文旅城镇为增长极的集聚系统，是"点轴理论"在文化旅游产业空间的应用表达[①]，如黄河文化旅游带、大运河文化生态旅游带、杭黄世界级自然生态和文化旅游廊道、藏羌彝文化产业走廊、贺兰山东麓葡萄文化长廊、千里客家文化长廊、大湘西文旅黄金走廊等。

巴蜀文化旅游走廊具有明显的地域文化特征。学界对巴蜀文化旅游走廊建设的研究主要聚焦于两大方面。一是对巴蜀文化旅游走廊现状的研究，对其文化现状、建设现状、问题及其对策进行了深入分析[②]，探讨了巴蜀地区的文化特色和旅游资源，重点研究了巴蜀

---

① 邱海莲、由亚男：《旅游廊道概念界定》，《旅游论坛》2015 年第 4 期。
② 张伟进：《巴蜀文化旅游走廊建设现状、问题及其对策》，《新西部》2022 年第 7 期。

文化旅游走廊的资源整合和创新①。二是对巴蜀文化旅游走廊开发的研究，聚焦文化发掘、文旅融合、红色资源开发②，对巴蜀文化旅游走廊文旅发展的意义、升级路径以及文旅融合路径进行了研究。总的来说，现有聚焦巴蜀文化旅游走廊的研究以文化资源辨析、文旅融合路径开发为主，研究方法以定性、描述为主，在定量分析和理论方面还有较大探讨空间。

（二）巴蜀文化旅游走廊极核城市

成都和重庆是巴蜀文化旅游走廊的两大极核城市，也是国家中心城市和人口超过 2000 万的超大城市。2021 年，重庆、成都双核地区生产总值分别实现 2.79 万亿元和 1.99 万亿元，居全国第 5 位和第 7 位，两地合计地区生产总值占西部地区生产总值的 19.9%；社会消费品零售总额居全国第 3 位和第 6 位，消费能力领跑全国，产业结构也在不断优化，高技术产业持续支撑工业走向高质量发展。③

成都是成都都市圈的核心，是带动四川、辐射西南、具有国际影响力的国家中心城市，也是巴蜀文旅走廊两大极核城市之一。根据《成渝地区双城经济圈建设规划纲要》，成都被定位为"区域经济中心、科技中心、世界文化名城和国际门户枢纽"。2021 年，成都经济总量接近 2 万亿元，达到 19917 亿元，占全省经济总量的比例为 37%，稳居副省级城市第 3 位④；从人口规模来看，第七次全国

---

① 尹伟、秦珺、黄园林等：《巴蜀文化旅游走廊评价与建设研究》，《西部人居环境学刊》2022 年第 6 期。

② 张莞：《巴蜀文化旅游走廊红色文旅融合发展研究——以南充市为例》，《四川旅游学院学报》2023 年第 1 期。

③ 《成渝双城经济圈系列之总篇：成渝"双城记"，打造中国经济增长"第四极"》，"金融界"百家号，2022 年 3 月 30 日，https://baijiahao.baidu.com/s? id = 17286849181218081 42&wfr=spider&for=pc。

④ 《2021 年成都平原经济区经济总量突破 3 万亿元》，四川省人民政府网，2022 年 5 月 23 日，https://www.sc.gov.cn/10462/10464/10797/2022/5/23/c1e4c42bf0bb4f71a80541eb42c 41d85.shtml。

人口普查数据显示，成都常住人口超过 2000 万人，跻身超大城市行列；从人均地区生产总值看，2021 年成都人均地区生产总值达到94622 元①，实现中高收入水平向高收入水平的历史性迈进；同时，成都消费中心城市的地位日益凸显，2021 年稳居 19 个重点城市消费"第四城"。在旅游产业方面，近年来成都旅游总收入、接待游客总数、接待入境游客数三大旅游运行指标连续 3 年位于副省级城市前列；在文化产业方面，2019 年，成都文化产业增加值达到 1459.8 亿元，占全市地区生产总值的 8.6%，拉动地区生产总值现价增长1.8%，贡献率为 21.8%②，引擎作用效果显现。到 2021 年，成都文创产业增加值首次突破 2000 亿元大关，增至 2073.84 亿元，是全市增长最快的产业，占地区生产总值的比例提升至 10.4%，已成为名副其实的支柱性产业。③

重庆是重庆都市圈的核心，是长江上游地区的经济中心，也是联动沿江城市和四川毗邻城市发展的具有国际影响力的大都市。根据《成渝地区双城经济圈建设规划纲要》，重庆被定位为"国家重要先进制造业中心、西部金融中心、西部国际综合交通枢纽和国际门户枢纽"。据统计，2021 年，重庆经济总量达到 2.79 万亿元，同比增长 8.3%④；2010~2021 年常住人口增量达到 327.42 万人，2021年达到 3212 万人⑤，在中国内地城市中排名第一。在文化旅游产业

---

① 《2021 年成都市国民经济和社会发展统计公报》，川观新闻网，2022 年 3 月 25 日，https://cbgc. scol. com. cn/city/3456361。

② 成都市文化体制改革和文化产业发展领导小组办公室、成都市社会科学院主编《成都市文化创意产业发展报告（2020）》，社会科学文献出版社，2021，第 3 页。

③ 付远书：《四川成都：文创赛道持续"加码"》，四川省文化和旅游厅网站，2022 年 4 月 7 日，http://wlt. sc. gov. cn/scwlt/hydt/2022/4/7/68e4d95ca96a4b198889c18795995aba. shtml。

④ 《增长 8.3%！2021 年重庆市国民经济和社会发展统计公报出炉》，重庆市人民政府网，2022 年 3 月 18 日，http://admin. cq. gov. cn/zwgk/zfxxgkml/lwlb/cqzxd/zzdt/202203/t20220318_10525860. html。

⑤ 《增长 8.3%！2021 年重庆市国民经济和社会发展统计公报出炉》，重庆市人民政府网，2022 年 3 月 18 日，http://admin. cq. gov. cn/zwgk/zfxxgkml/lwlb/cqzxd/zzdt/202203/t20220318_10525860. html。

方面，"十三五"期间，重庆文化产业增加值净增 420 亿元，达 966.88 亿元，年均增速超过 15%，远高于同期地区生产总值增速，占地区生产总值的比例为 4.1%①；到 2021 年，重庆实现文化产业增加值 1057.11 亿元，同比增长 8.9%；旅游产业实现增加值 1076.09 亿元，同比增长 9.9%②。

近年来，"一带一路"建设、长江经济带发展、成渝地区双城经济圈建设等在巴蜀大地融汇叠加，这给成都和重庆"双核引领"带来了新的发展机遇，也提出了更高要求。尤其是 2021 年 10 月和 2022 年 8 月，成都都市圈、重庆都市圈分别获得国家发展改革委批复，成为为数不多的国家级都市圈。其中，成都都市圈以成都、德阳、眉山、资阳四市同城化发展为核心，是四川推动成渝地区双城经济圈建设和落实国家发展战略的一项重要内容；重庆都市圈是继南京都市圈之后，中国第二个跨省都市圈（将四川广安纳入都市圈）。成都都市圈和重庆都市圈建设为成都和重庆更好发挥"双核引领"和"双圈互动"功能、加快形成带动西部乃至全国经济社会高质量发展的重要增长极与新的动力源提供了有力支撑。

---

① 《〈重庆市文化产业发展"十四五"规划〉政策解读》，重庆市文化和旅游发展委员会网站，2021 年 11 月 5 日，http://whlyw.cq.gov.cn/zwgk_221/zcjd/wzjd/202112/t20211214_10163340.html。

② 《乘势而上 重庆文旅汇聚发展磅礴之力》，重庆市人民政府网，2022 年 2 月 24 日，http://www.cq.gov.cn/zwgk/zfxxgkml/zdlyxxgk/shgysy/ggwhty/whly/202202/t20220224_10432567.html。

第二章
巴蜀文化旅游走廊极核城市建设的理论与现实基础

"巴蜀文化旅游走廊极核城市"涉及文化旅游走廊、极核城市等概念。为明确本书的研究对象和研究范围，本章结合国家层面出台的一系列文化旅游走廊相关规划，对相关概念进行梳理分析，把握文化旅游走廊建设的基本特征，研判成都建设巴蜀文化旅游走廊极核城市的宏观背景，为巴蜀文化旅游走廊极核城市研究奠定理论和现实基础。

一　巴蜀文化旅游走廊极核城市相关概念界定

为探析"巴蜀文化旅游走廊极核城市"的内涵和特征，本节基于前期文献综述，对文化旅游、文化旅游走廊、极核城市等概念进行梳理总结，分析文化旅游走廊极核城市的主要特征，阐释本书的研究对象和研究重点。

（一）文化旅游走廊

1. 文化旅游

20世纪，"文化"与"旅游"尚属于相对独立的概念。直至21

世纪初，理论界和实践领域越来越强调文化与旅游"你中有我、我中有你"的相生相伴、高度关联的特征。① 从本质属性来看，文化是旅游的内涵属性，而旅游则是文化产品的重要载体和价值实现途径。② 文化能够丰富旅游的内涵，而旅游能够创造文化承载；文化是构成旅游的核心资源，反之，旅游又是文化的重要载体。③ "文化旅游"由此在理论界和实践层面得到广泛认可和应用。

2009 年 8 月，文化部、国家旅游局联合出台《关于促进文化与旅游结合发展的指导意见》，为文旅融合发展提供了政策支持；2018 年 3 月，文化部、国家旅游局被批准整合为文化和旅游部，标志着中国促进文旅融合发展进入实质性发展阶段。随后，各省市就文旅产业融合发展陆续出台了相关指导意见和配套措施，全国文旅融合发展步入快速发展时期。在理论界，"文化旅游"普遍被看作一种基于文化需求的特殊旅游体验活动，即文化旅游是人们出于文化动机而进行的活动，诸如研究性旅行、艺术表演、文化旅行、历史遗迹参观、宗教朝圣、其他文化事件的旅行。④ 也有学者从游客特征视角分析，认为文化旅游是对体验文化经历有兴趣的游客的旅游行为。⑤ 还有学者将文化旅游归纳为旅游的一种方式，是消费者旨在体验文化底蕴、获取知识的一种旅游活动。⑥ 世界旅游组织将文化旅游定义为，人们为了满足自身的文化需求而前往日常生活以外的文化景观所在地进行的非营利性活动。

本书认为，广义的文化旅游泛指一切旅游活动；狭义的文化旅

---

① 邹芸：《文化创意产业和旅游产业融合路径选择——以成都市为例》，《旅游纵览（下半月）》2017 年第 6 期。
② 方忠、张华荣：《文化产业与旅游产业耦合发展的实证研究——以福建省为例》，《福建师范大学学报》（哲学社会科学版）2018 年第 1 期。
③ 何小芊、刘宇：《数字文旅的形成背景、驱动机制及发展路径》，《市场论坛》2022 年第 2 期。
④ 徐菊凤：《旅游文化与文化旅游：理论与实践的若干问题》，《旅游学刊》2005 年第 4 期。
⑤ 王文祥：《文化旅游产业国内外研究综述》，《学术交流》2010 年第 11 期。
⑥ 郭鲁芳：《文化旅游日益青睐》，《国际市场》1999 年第 5 期。

游是指旅游者通过消费文化旅游产品，体验其中的文化内涵，从而获得精神享受的一种旅游活动。文化旅游涵盖了文化、旅游、体育、健康、交通、休闲娱乐等众多领域，涉及文化事业、文化产业、旅游产业、体育事业、体育产业等众多领域。由于其丰富的内涵以及与其他产业的高度关联性和融合性，"文旅+"正成为当前和未来文旅产业发展的新趋势。

2. 文化旅游走廊

根据《现代汉语词典》，"走廊"与过道、走道、长廊意义相近，是指屋檐下高出平地的走道或房屋之间有顶的走道，也比喻连接两个较大地区的狭长地带，如河西走廊。"走廊"作为一种空间结构概念，常在地理学、区域经济学、城市规划学等学科中被用到，一般是指区域内或区域之间连接形成的一种带状空间结构。文化旅游走廊则可指一种区域文化旅游空间的组织方式，是以特定文化旅游资源为主题，在地理空间上整合和串联了一定区域内文化旅游资源而形成的特定廊道或带状空间格局，相似的概念还有文化旅游廊道、文化旅游长廊、文化旅游带等。

多数观点认为，文化旅游走廊应该包含三大要素：一是起到聚合作用的"轴线"（如交通、河流、山脉等），二是轴线区域内的旅游资源，三是沿轴线的文化旅游节点（如极核城市）。因此，本书认为，文化旅游走廊是以特定区域的优势资源为基础，以打造特色鲜明的文化旅游品牌和辐射带动区域经济社会高质量发展为目标，以交通、河流、山脉为纽带，将区域内主要文化旅游节点相串联而形成的廊状或带状的空间布局。

（二）文化旅游走廊极核城市

"极核城市"是指在一定区域范围内，能够集聚经济发展要素、促进区域极化增长，并辐射带动区域经济整体高效发展的城市，具有"中心性"和"扩散性"两大特征。"文化旅游走廊"是指以文化旅游资源为基础，将两个或多个极核城市串联形成的带状空间"发展轴"。文化旅游走廊极核城市，则是指文化旅游走廊中具有较强凝聚力和带动作用的城市，是能够集聚走廊内经济发展要素、辐射和带动文化旅游走廊整体高效发展的中心城市。文化旅游极核城市也应该具有中心性和扩散性特征。"中心性"主要表现在能够集聚走廊内文化旅游资源，是文旅经济核心区、文创产业集聚地、文旅深度融合示范区，也是文旅消费的示范区、公共文化服务高质量发展的样板区；"扩散性"表现在文旅资源优势的扩散，文旅新业态、消费新场景的辐射，推动形成全域资源共享、优势互补的格局，从而实现由"点"带"线"、由"线"成"面"、由"面"成"网"的空间扩散过程。

文化旅游走廊极核城市应具有多重功能。一是支撑区域产业发展。极核城市作为区域资源要素集聚区和经济增长点，无论是经济总量还是文化、旅游产业，均对区域发展具有重要引领作用，是区域产业发展的重要支撑。二是引领区域文旅发展。作为文化旅游走廊极核城市，在经历了要素集聚、能级提升等阶段之后，其首要功能是在产业发展转型、产业深度融合、产业消费升级等方面发挥龙头引领作用，促进文化旅游产业与关联行业融合，加快构建和完善现代服务产业体系，不断拓宽文旅发展新领域，带动区域文化旅游产业迈入更高水平的发展阶段。三是带动区域合作与一体化发展。极核城市能够推动区域内交通网络、公共服务、产业发展、市场贸易、生态文明等一体化发展，使文旅资源配置能够在区域范围内自由进行，从而实现文旅走廊内资源共融、市场共兴、交通共享、品牌共建，辐射带动区域整体发展。

（三）巴蜀文化旅游走廊极核城市

"巴蜀文化旅游走廊"这一概念最早出现于 2020 年，由川渝两地为贯彻落实习近平总书记关于成渝地区双城经济圈建设战略部署而提出。2021 年 10 月，中共中央、国务院印发《成渝地区双城经济圈建设规划纲要》，正式以规划文件方式提出建设"巴蜀文化旅游走廊"的重要任务。2022 年 5 月，文化和旅游部、国家发展改革委、重庆市人民政府、四川省人民政府联合发布《巴蜀文化旅游走廊建设规划》。该规划成为指导巴蜀文化旅游走廊建设的纲领性文件，涉及成渝两地 80% 以上的区县，具体规划范围包括"重庆市的中心城区及万州、涪陵、綦江、大足、黔江、长寿、江津、合川、永川、南川、璧山、铜梁、潼南、荣昌、梁平、丰都、垫江、忠县等 27 个区（县）以及开州、云阳的部分地区，四川省的成都、自贡、泸州、德阳、绵阳（除平武县、北川县）、遂宁、内江、乐山、南充、眉山、宜宾、广安、达州（除万源市）、雅安（除天全县、宝兴县）、资阳等 15 个市，总面积 18.5 万平方公里"[①]。

巴蜀文化旅游走廊区域内生态禀赋优良、文化和旅游资源富集，蕴含着大量非物质文化遗产、历史文化遗址遗迹、历史古镇古街古村落、少数民族文化等，是中国文化保护的重点区域。《巴蜀文化旅游走廊建设规划》从规划视角明确了成都和重庆作为巴蜀文化旅游走廊极核城市的重要地位，明确提出要强化重庆主城和成都的核心作用，引领带动区域文化和旅游统筹协同发展。巴蜀文化旅游走廊建设就是要以建设重庆主城和成都两大极核城市为核心，以成渝古道、长江上游、成绵乐三条旅游带为串联，以"五横五纵"多条旅游支线为骨架，串接生态旅游大环线，推动七个特色旅游区合作联动发展，建成具有国际影响力的文化旅游走廊。[②] 巴蜀文化旅游走廊极核城市建设的目标定位如表 2-1 所示。

---

① 《巴蜀文化旅游走廊建设规划来了》，《成都日报》2022 年 5 月 27 日，第 2 版。
② 《建设巴蜀文化旅游走廊，四川如何着力？》，四川省人民政府网，2022 年 6 月 2 日，https://www.sc.gov.cn/10462/10464/10797/2022/6/2/95449aa4018744d6910e81c43167761c.shtml。

表 2-1　巴蜀文化旅游走廊极核城市建设的目标定位

极核城市	目标定位
成都	以成都为核心，突出成都旅游都市型、国际化和综合性的特点，加快休闲消费提质扩容和转型升级，培育一批国际一流、全国领先的文商体旅融合发展优质产品，建设世界文创、旅游、赛事名城和国际美食、音乐、会展之都
重庆	以重庆主城为核心，丰富优质文化和旅游产品供给，构建"两江四岸"文化旅游休闲核心区、中心城区文化旅游休闲集聚圈、主城新区旅游休闲和乡村旅游发展区，强化都市旅游集散功能和辐射带动作用，建设国际消费中心城市、世界知名都市旅游目的地

资料来源：韩毅《到 2035 年建成世界级休闲旅游胜地》，《重庆日报》2022 年 5 月 27 日，第 8 版。

二　中国主要文化旅游走廊规划建设实践

从国家战略高度部署"文化旅游走廊"的规划建设，集中出现在党的十八大以后的系列规划文件中。梳理党的十八大以来国家规划建设的文化旅游走廊，分析阐释中国主要文化旅游走廊建设的背景和主要特征，为明确巴蜀文化旅游走廊极核城市建设的功能定位提供参考。

（一）中国规划建设的主要文化旅游走廊

1. 黄河文化旅游带

黄河流域覆盖青海、四川、甘肃、宁夏、内蒙古、山西、陕西、河南、山东 9 个省区，涉及西宁、兰州、银川、呼和浩特、太原、西安、郑州、济南等多个省会城市，国土面积约 130 万平方公里。2021 年，中共中央、国务院印发《黄河流域生态保护和高质量发展规划纲要》，从保护黄河文化遗产角度，提出要建设黄河文化遗产廊道，重点保护陕西石峁、山西陶寺、河南二里头、河南双槐树、山东大汶口等重要遗址；从文旅融合发展角度，提出要建设一批展现黄河文化的标志性旅游目的地，打造具有国际影响力的黄河文化旅游带；从战略定位来看，提出要将黄河流域打造成为大江大河治理的重要标杆、国家生态安全的重要屏障、高质量发展的重要实验区、中华文化保护传承弘扬的重要承载区。[①]

2. 大运河文化生态旅游带

大运河由京杭大运河、隋唐大运河、浙东运河三大部分构成，串联起海河、黄河、淮河、长江、钱塘江五大水系，是世界上距离最长、规模最大的运河。[②] 这条大运河文化生态旅游带，以全长3200公里的大运河为轴线，串联起全国从南到北的河湖、码头、庙宇、园林、古镇等自然资源以及刺绣、玉雕、木刻、漆器、剪纸、戏曲、绘画等文化遗产与遗址，是跨越中国东部6个省和中部2个省的巨型文化遗产区域，也是具有2500多年历史的活态遗产，是中华民族繁荣兴盛的历史见证。

2019年，中共中央办公厅、国务院办公厅联合印发《大运河文化保护传承利用规划纲要》，明确打造大运河文化带，推进文化旅游和相关产业融合发展，为新时代区域创新融合协调发展提供示范样板。为落实该纲要，2021年，国家发展改革委牵头编制《大运河文化保护传承利用"十四五"实施方案》，提出4方面47项具体任务："一是在强化文化遗产保护传承方面，明确了加强文化遗产系统保护、保护沿线名城名镇名村、增强文化遗产传承活力、挖掘文化遗产时代价值等4个领域14项任务。二是在开展生态环境保护修复方面，明确了推动绿色生态廊道建设、优化生态空间用途管控、强化生态系统保护能力、推进水环境污染防治等4个领域13项任务。三是在推进运河航运转型提升方面，明确了改善河道水系资源条件、增强防洪排涝保障能力、促进岸线保护和服务提升等3个领域11项

---

① 《中共中央 国务院印发〈黄河流域生态保护和高质量发展规划纲要〉》，中国政府网，2021年10月8日，https://www.gov.cn/gongbao/content/2021/content_5647346.htm？eqid=cf183bba00038c3800000002645d8c98&wd=&eqid=8a4e3da4000578b700000003648fa96d。

② 新华社记者：《推进大运河文化保护传承利用——国家发展改革委负责人就〈大运河文化保护传承利用规划纲要〉答记者问》，《时事报告》2019年第6期。

任务。四是在促进文化旅游融合发展方面，明确了打造精品线路和统一品牌、推动文化旅游与相关产业融合、完善文化旅游与公共服务设施等 3 个领域 9 项任务。"①

3. 杭黄世界级自然生态和文化旅游廊道

该廊道立足杭州、黄山两市优质自然生态和文旅资源集聚优势，将黄山、千岛湖、西湖等名城、名湖、名江、名山相串联，通过实施自然生态保护修复、保护和传承中华优秀传统文化、发展高品质特色旅游，打造和建设世界级自然生态和文化旅游胜地，提升国际旅游竞争力。2022 年 5 月，国家发展改革委、文化和旅游部联合印发的《杭黄世界级自然生态和文化旅游廊道建设方案》，明确提出要将杭黄走廊打造成为长三角自然保护修复示范带、全国绿色发展样板区、世界知名旅游目的地②，到 2035 年打造成为跨区域联动绿色发展的成功典范，为长三角一体化发展发挥带动作用并提供强大支撑③。

4. 藏羌彝文化产业走廊

藏羌彝文化产业走廊是一条民族众多、文化多样的民族走廊，也是中国重要的历史文化沉积带和中华民族多元一体格局的生动写照。根据 2014 年文化部、财政部联合印发的《藏羌彝文化产业走廊总体规划》，藏羌彝文化产业走廊涉及川、黔、滇、藏、陕、甘、青 7 个省区的 11 个市（州、地区）。依托唐蕃古道、茶马古道、南方丝绸之路及古驿道、古栈道等古代交通道路和线性文化遗产资源，

---

① 《国家发展改革委印发〈大运河文化保护传承利用"十四五"实施方案〉》，国家发展改革委网站，2021 年 7 月 19 日，https://www.ndrc.gov.cn/fzggw/jgsj/shs/sjdt/202107/t20210719_1290681.html？code=&state=123。

② 《〈杭黄世界级自然生态和文化旅游走廊建设方案〉印发实施》，浙江省发展和改革委员会网站，2022 年 5 月 10 日，https://fzggw.zj.gov.cn/art/2022/5/10/art_1620998_58934100.html。

③ 《〈杭黄世界级自然生态和文化旅游走廊建设方案〉正式印发！》，安徽省发展和改革委员会网站，2022 年 5 月 12 日，https://fzggw.ah.gov.cn/ywdt/ztzl/zsjythzhxxglfwpt/zcfb/146640161.html。

发挥高速公路、铁路等现代交通线路在要素聚集和流通中的通道效益，促进区域内特色文化产业带状聚集，形成以线路串联文化生产与服务的独特方式。①

根据其规划目标，到2020年要建成一批具有重要影响力的文化产业示范项目，形成完善的文化旅游产品生产体系和旺盛的文化消费市场，文化产业普遍成为区域经济支柱性产业，藏羌彝文化产业走廊成为世界级精品旅游区和中国文化产业发展新亮点。② 根据规划内容，其重点领域包括新兴文化旅游业态、演艺娱乐精品培育、文化创意产业发展、文化品牌打造等。

国家规划建设的主要文化旅游带如表2-2所示。

表2-2 国家规划建设的主要文化旅游带

名称	政策文件及发文部门	发布年份	特色主题	主要城市	建设目标
贺兰山东麓葡萄文化长廊	宁夏回族自治区人民政府《中国（宁夏）贺兰山东麓葡萄产业及文化长廊发展总体规划（2011—2020）》	2012	葡萄酒文化	宁夏回族自治区银川市、青铜峡市、吴忠市和平罗县、永宁县部分区域	打造成为一个竞争力强、辐射面广、国内最大、全球知名的优质葡萄酒产区，推进宁夏经济社会跨越式发展
藏羌彝文化产业走廊	文化部、财政部《藏羌彝文化产业走廊总体规划》	2014	民族文化	涉及川、黔、滇、藏、陕、甘、青7个省区	建设世界级文化旅游目的地，推动文化产业成为区域经济支柱性产业，为西部地区发展提供强大动力支撑
大运河文化生态旅游带	中共中央办公厅、国务院办公厅《大运河文化保护传承利用规划纲要》	2019	运河文化	跨越中国东部6个省和中部2个省	推进文化旅游和相关产业融合发展，为新时代区域创新融合协调发展提供示范样板

① 《文化部 财政部关于印发〈藏羌彝文化产业走廊总体规划〉的通知》，中国政府网，2014年3月3日，https://www.gov.cn/gongbao/content/2014/content_2711451.htm。
② 《文化部 财政部关于印发〈藏羌彝文化产业走廊总体规划〉的通知》，中国政府网，2014年3月3日，https://www.gov.cn/gongbao/content/2014/content_2711451.htm。

续表

名称	政策文件及发文部门	发布年份	特色主题	主要城市	建设目标
黄河文化旅游带	中共中央、国务院《黄河流域生态保护和高质量发展规划纲要》	2021	黄河流域	青海、四川、甘肃、宁夏、内蒙古、山西、陕西、河南、山东9个省区	建设一批展现黄河文化的标志性旅游目的地，打造具有国际影响力的黄河文化旅游带
杭黄世界级自然生态和文化旅游廊道	国家发展改革委、文化和旅游部《杭黄世界级自然生态和文化旅游廊道建设方案》	2022	自然生态	杭州、黄山	将杭黄走廊打造成为长三角自然保护修复示范带、全国绿色发展样板区、世界知名旅游目的地，为长三角一体化发展发挥带动作用并提供强大支撑
京张体育文化旅游带	文化和旅游部、国家发展改革委、国家体育总局《京张体育文化旅游带建设规划》	2022	体育文化	北京、张家口	奥运场馆赛后利用国际典范、国际冰雪运动与休闲旅游胜地、全民健身公共服务体系建设示范区、体育文化旅游融合发展样板、京津冀绿色发展示范区等5个定位

（二）中国文化旅游走廊的主要特征

一是以交通、山脉、河流串联形成的"轴"，是构成文化旅游走廊的主体框架。由交通干线、山脉或重要河流形成的廊道，发挥着聚合带动作用，是促进区域文化旅游合作的纽带和通道。它们能将区域内不同级别的中小城市串联，形成相对密集的人口和产业带，并在长期发展过程中辐射带动区域经济社会发展，成为"增长轴"。[①]

二是跨区域性特征，建立跨区域统筹协调机制。当前，国内文旅走廊既有跨多个省和地区的走廊，也有省内跨多个市州的走廊。

---

① 薛秀青、白明刚、乔良等：《基于"点—轴"理论的京张体育文化旅游带建设研究》，《地理与地理信息科学》2022年第6期。

例如，以黄河、大运河为主线形成的文化旅游带涉及 8 个以上省和地区；杭黄自然生态和文化旅游走廊则是以杭州、黄山为重要节点的省内跨市区文旅带。为确保廊道建设有成效，要在文化旅游廊道所涉及的省市之间普遍建立起跨区域协同推进机制，明确工作任务分工、制订具体行动计划、协调落实重大事项，推动廊道建设各项目标与任务落实落地。

三是鲜明的主题，具有较强的辨识度和影响力。黄河文化旅游带、大运河文化生态旅游带均以河流为主线，藏羌彝文化产业走廊、千里客家文化长廊则以地方民族文化为主题，贺兰山东麓葡萄文化长廊以葡萄酒文化为主题，大湘西文旅黄金走廊则以生态与民俗为主题。这些走廊突破行政区划约束，依靠共有的自然生态资源与人文历史遗产，形成与其他区域相比有明显辨识度和影响力的文旅主题，并整合串联起走廊内各要素，从而实现文化传承、生态保护、品牌打造、产业转型升级等目的。

四是发展思路转变，从资源特色规划向以极核城市带动发展转变。早期的文化旅游走廊更加强调地域特色文化，如藏羌彝文化产业走廊，通过串联打造具有鲜明文化特色的空间区域，开展文旅融合发展探索。进入 21 世纪第二个十年，文化旅游走廊建设更加强调极核城市在走廊中的引领辐射带动作用，更加强调要发挥走廊内极核城市在文化引领、创新驱动、产业支撑、要素集聚、消费升级等方面的综合功能，从而带动走廊内文化旅游协同发展，推动走廊经济社会整体发展。

五是服务国家战略和地方发展，具有较强的经济社会文化意义。党的十八大以来，围绕文化自信、生态建设、经济社会发展等维度，国家层面陆续发布了黄河文化旅游带、大运河文化生态旅游带、杭黄自然生态和文化旅游走廊等建设规划和方案。这些规划和方案从国家战略高度，赋予文旅带/文旅走廊重要的功能定位和历史使命，是国家发展战略的重要组成部分，也是当前城市群、都市圈加快经济发展方式转变、建立现代化产业体系、培育新的经济增长极的重要内容。

三　成都建设巴蜀文化旅游走廊极核城市的宏观背景

推动巴蜀文化旅游走廊建设，是贯彻落实党中央、国务院关于"推动成渝地区双城经济圈建设、打造高质量发展重要增长极"重大决策部署的具体行动，也是引领区域文化和旅游高质量发展、培育中国文化和旅游新发展空间、打造全国文化和旅游发展新增长极的重大举措。① 作为国家中心城市、成渝极核城市，融入"双循环"新发展格局、创新驱动发展、建设成渝地区双城经济圈等国家战略，对成都建设巴蜀文化旅游走廊极核城市提出新要求。

（一）构建新发展格局要求成都释放文旅消费潜力

中国正从"生产社会"向"消费社会"转型，消费已成为经济稳定运行的压舱石。扩大内需是新发展格局形成的起点和基础，也是进行产业升级、发展创新经济的起点和基础。文化和旅游既是拉动内需、繁荣市场、扩大就业、畅通国内大循环的重要内容，也是促进国内国际双循环的重要桥梁和纽带。② 从全球趋势看，消费需求成为后工业城市的"经济发动机"，"消费型城市"在城市竞争中变得越来越重要。尽管受到新冠疫情的冲击，2021 年，中国最终消费支出对 GDP 增长的贡献率为 65.4%③，标志着以消费为主导的时代来临。中国文旅市场日渐繁荣，消费需求持续攀升，消费需求引导

---

① 韩毅：《到 2035 年建成世界级休闲旅游胜地》，《重庆日报》2022 年 5 月 27 日，第 8 版。

② 《文化和旅游部关于印发〈"十四五"文化和旅游发展规划〉的通知》，中国政府网，2021 年 4 月 29 日，https://www.gov.cn/zhengce/zhengceku/2021-06/03/content_5615106.htm。

③ 《统计局相关司负责人解读 2021 年全年主要经济数据》，中国政府网，2022 年 1 月 18 日，https://www.gov.cn/xinwen/2022-01/18/content_5669005.htm。

"假日经济"向常态化延伸。推动文旅消费空间无边化、时间弹性化、人本价值回归，不断夯实消费对经济发展的基础性作用是实现中国文旅消费韧性、包容性和可持续性提升，进而实现中国文旅产业高质量发展的必然要求。以扩大文旅消费为重点持续挖掘消费潜力，推动大中小城市消费转型升级，是中国推动经济高质量发展的重要举措，也是成都加快建设现代化产业体系的重要路径。作为西部重要中心城市的成都，建设巴蜀文旅走廊极核城市时要认真贯彻党中央、国务院决策部署和省委、省政府关于"促消费、扩内需"工作安排，在畅通国内大循环、扩大内需方面持续发力，坚持传统消费和新型消费并重，升级消费载体、优化流通网络和消费环境、壮大市场主体，充分挖掘城乡消费潜能，提升传统消费、培育新型文旅消费、提升文旅消费能力、优化消费供给。

（二）巴蜀文化旅游走廊建设要求提升文旅极核功能

《成渝地区双城经济圈建设规划纲要》明确提出，"共建巴蜀文化旅游走廊。充分挖掘文化旅游资源，以文促旅、以旅彰文，讲好巴蜀故事，打造国际范、中国味、巴蜀韵的世界级休闲旅游胜地"。成渝地区双城经济圈建设从历史维度、发展维度、战略高度、全局角度为新时代成渝地区文旅产业发展定向导航，赋予了其新的历史使命。构建巴蜀文化旅游走廊，有利于实现成渝地区双城经济圈的文旅产业结构和层次向价值链的高端跃升，是深入挖掘巴蜀文化旅游资源、全面融入国家重大区域发展战略、助力成渝地区双城经济圈文化与旅游高质量发展的重大举措。成都作为巴蜀文化旅游走廊极核之一和全省文旅经济核心区，推动巴蜀特色国际消费目的地建设，深化成都"国家文化和旅游消费示范城市"实践成果，加快建设国际消费中心城市，建强巴蜀文化旅游走廊成都极核，就要求找准文旅产业高质量发展新增长点，坚持创新驱动、示范引领，以科技赋能、金融助力，加快"国家文化和旅游产业融合发展示范区"

建设；要求突出成都旅游都市型、国际化和综合性特点，顺应文旅市场新特点、新趋势，进一步完善文旅基础设施布局，持续扩大优质产品供给；要求加快推动文旅产业创新发展和转型升级，着力打造要素全、品质优、特色强、配套好、质量高的现代文化旅游产业体系。

（三）成都都市圈发展要求文旅一体化发展

《成都都市圈发展规划》提出要强化成都作为中心城市的辐射带动作用，推动圈内城市间的联系进一步加强。成都都市圈建设作为推进成渝地区双城经济圈建设的"先手棋"，加快成德眉资文旅同城化、共同做强成都都市圈极核，不仅是辐射带动周边、促进区域发展的客观需要，也是打破行政壁垒、推进区域一体化发展和融合发展的新举措。成都都市圈四座城市地域相近、人文相亲、山水相连、产业共融，各自都拥有独特的文旅资源，以文旅融合高质量发展为方向，注重文旅融合、文旅资源共建共享，推动文旅产业协同共进是成德眉资同城化的重要内容，也是成德眉资强化区域联动、文旅产业提质升级的关键。作为成都都市圈中心城市和巴蜀文化旅游走廊极核城市，推进成德眉资同城化突破，将"主干"从"成都"扩展升级为"成德眉资"，带动成都都市圈文化旅游一体化发展，就要求系统整合成都都市圈优势文旅资源，强化区域联动，聚焦都市圈内文化和旅游资源共建共享、优势互补，坚持以毗邻地区文旅项目建设为载体，以共建公共基础设施、共创品牌文旅活动为重点，探索区域文化和旅游协同发展新模式，着力提升成都和周边城市的同城化和一体化发展程度，引领带动成都都市圈文化和旅游统筹协同，以实现文旅产业共繁荣。

（四）科技创新要求成都增强文旅新动能

随着移动互联、智能互联时代的到来，人机交互、大数据、物联网等新兴技术的革新，数字技术成为促进文旅发展的重要手段。由信息技术引发的新科技革命不断催生新产品、新业态和新模式，人工智能、无人机、物联网等技术的应用正在逐步成熟，推动着文化、旅游、娱乐等产业的融合变革进程。《"十四五"数字经济发展规划》提出要以数字化推动文化和旅游融合发展，随着文化与科技深度融合，人工智能（AI）、第五代移动通信（5G）、虚拟现实（VR）、区块链等数字技术的产业应用场景日趋广泛，数字赋能文旅产业发展的效能不断增强，数字文旅产品不断丰富，数字文旅新业态日益多元，这极大加快了文旅新业态、新模式的衍生速度。"云+音乐""云+录制""云+展览""云+旅游"等新业态蓬勃发展[1]，短视频、网络直播带货的新模式全面开启，文旅产品在线直播销售成为"风向标"，虚拟技术创造的文旅体验和在地化真实体验双轨并行，国漫、国风、国创、国乐、国艺等中国文化数字内容 IP 接连涌现，引领着文旅产品的开发和旅游目的地新业态的打造，数字文旅成为数字时代旅游城市求新求变、融入高质量发展的重要抓手。进入数字经济时代，文旅市场呈现新特征，成都建设巴蜀文化旅游走廊极核城市就要求重新认识并把握文旅产业在数字时代所呈现的特征和趋势，把握新型文旅消费模式，以多样化的数字化文旅应用场景，加快新业态、新模式布局，加快塑造数字化、智能化新优势，强化文化资源价值挖掘和产品供给业态创新，大力开发数字文创产品，打造以"技术+内容+场景"为核心的数字文旅产业生态。

---

[1]　范玉刚：《文化产业在构建新发展格局中的创新文化功能》，《深圳大学学报》（人文社会科学版）2022 年第 2 期。

第三章
巴蜀文化旅游走廊建设的总体概况

本章重点从文化资源、旅游资源、文旅产业发展、文化事业发展、区域协同发展等维度，对巴蜀文化旅游走廊文化旅游发展情况进行概述，对其包含的城市进行比较，客观反映巴蜀文化旅游走廊文旅发展的生动实践和主要成效，分析极核城市建设面临的现实基础。

一　巴蜀文化旅游走廊文旅资源禀赋

巴蜀文化旅游走廊涵盖川渝多个城市，历史同脉、文化同源，生态禀赋优良、文化和旅游资源富集，既有三星堆遗址、金沙遗址、宝墩遗址等遗址文化资源，也有三国文化、三苏文化、红色文化、石刻文化、历史名人等传统文化资源，还有峨眉山、青城山、金佛山、大熊猫栖息地、武隆喀斯特、长江三峡等自然生态资源，拥有着丰富的文化资源、雄厚的产业基础和广阔的市场空间。极核城市重庆和成都的文旅资源具有突出的差异性和多样性，为巴蜀文化旅游走廊目的地资源优势整合、丰富多彩的旅游产品和旅游线路供给创造了有利条件。

（一）文化资源富集

巴蜀文化旅游走廊的世界遗产和国家历史文化名城占到整个川

渝地区的半壁江山。区域内拥有峨眉山—乐山大佛、青城山—都江堰、大足石刻、四川大熊猫栖息地、武隆和金佛山喀斯特等世界遗产（见表3-1），占川渝地区总量的62.5%；拥有重庆、成都、自贡、宜宾、乐山、都江堰、泸州7个国家历史文化名城，占川渝地区总量的77.8%。

表3-1 巴蜀文化旅游走廊内的世界文化与自然遗产名录

序号	名称	所在地	批准年份	备注
1	峨眉山—乐山大佛	四川乐山	1996	文化、自然双重遗产
2	大足石刻	重庆大足区	1999	世界文化遗产
3	青城山—都江堰	四川成都	2000	世界文化遗产
4	四川大熊猫栖息地	四川成都、阿坝州、雅安、甘孜	2006	世界自然遗产
5	武隆喀斯特 金佛山喀斯特	重庆武隆区、南川区	2007 2014	世界自然遗产

资料来源：文化和旅游部网站。

巴蜀文化旅游走廊的文化遗址和各级各类文物保护单位众多。有三星堆遗址、金沙遗址、宝墩遗址、东华门遗址、邛窑遗址等遗址文化资源。拥有全国重点文物保护单位近190家，其中四川省有国家级历史文化名城7座，全国重点文物保护单位82处，拥有24座省级历史文化名城、22座省级历史文化名镇；重庆市拥有65处全国重点文物保护单位，372处市级文物保护单位。

走廊内还拥有丰富的非物质文化遗产资源，包括蜀锦、皮影戏两项联合国教科文组织人类非物质文化遗产代表作名录项目，136项国家级非遗代表性项目，1056项省（市）级非遗代表性项目。[①] 其中，川剧、川菜、蜀锦、蜀绣、夏布、竹编、龙舞、彩灯等均是川

---

① 刘可欣：《〈巴蜀文化旅游走廊建设规划〉颁布，川渝非遗发展有何变化？》，"封面新闻"百家号，2022年6月8日，https：//baijiahao.baidu.com/s？id=1735057226103548311&wfr=spider&for=pc。

渝同根同源的非物质文化遗产。

（二）旅游资源众多

巴蜀文化旅游走廊内旅游资源丰富，拥有国家 A 级景区共 714 处，其中 5A 级景区 14 个（见表 3-2），红色旅游经典景区 11 个（见表 3-3）。此外，还有 7 个国家全域旅游示范区，其中重庆市内有渝中区 1 个①，另有南川区、大足区 2 个国家全域旅游示范区创建单位；四川省内有 6 处全域旅游示范区，分别为成都都江堰市、乐山峨眉山市、德阳绵竹市、成都崇州市、成都锦江区、乐山市中区。巴蜀文化旅游走廊旅游景点如表 3-4 所示。

表 3-2　巴蜀文化旅游走廊 5A 级景区情况

序号	景区名称	所在省市	等级	评定年份
1	重庆大足石刻景区	重庆大足区	5A	2007
2	重庆市南川金佛山	重庆南川区	5A	2013
3	江津四面山景区	重庆江津区	5A	2015
4	重庆市云阳龙缸景区	重庆云阳县	5A	2017
5	重庆市黔江区濯水景区	重庆黔江区	5A	2020
6	青城山—都江堰旅游景区	四川成都	5A	2007
7	峨眉山景区	四川乐山	5A	2007
8	乐山大佛景区	四川乐山	5A	2011
9	阆中古城旅游景区	四川南充	5A	2013
10	邓小平故里旅游区	四川广安	5A	2013
11	剑门蜀道剑门关旅游景区	四川广元	5A	2015
12	朱德故里景区	四川南充	5A	2016
13	碧峰峡旅游景区	四川雅安	5A	2019
14	安仁古镇景区	四川成都	5A	2022

资料来源：文化和旅游部网站。

---

① 说明：重庆另有万盛经开区，但不在巴蜀文化旅游走廊内。

表 3-3 巴蜀文化旅游走廊红色旅游经典景区情况

序号	景区名称	所在城市
1	重庆市红色旅游系列景区	重庆
2	中共中央南方局暨八路军驻重庆办事处旧址	重庆
3	国共合作遗址群及抗日民族统一战线遗址群	重庆
4	邱少云烈士纪念馆	重庆
5	广安市红色旅游系列景区	四川
6	川陕革命根据地红色旅游系列景区	四川巴中、达州、广安、南充
7	四川红军长征红色旅游系列景区	四川泸州、雅安、成都
8	宜宾市宜宾县赵一曼纪念馆	四川宜宾
9	资阳市乐至县陈毅故居	四川资阳
10	绵阳市"两弹一星"国防科技教育基地	四川绵阳
11	泸州市泸顺起义旧址	四川泸州

资料来源：文化和旅游部网站。

表 3-4 巴蜀文化旅游走廊旅游景点统计

区域	旅游景点数量	代表性文旅资源
重庆（29个区县）①	共有国家 A 级旅游景区 200 处，其中：5A 级景区 5 处，4A 级景区 100 处，3A 级景区 66 处，2A 级景区 28 处，1A 级景区 1 处	重庆市国家历史文化名城，是巴蜀文化、三峡文化创造地和红岩精神发源地。拥有以长江三峡等为代表的峡谷风光资源，以武隆天生三桥、奉节天坑等为代表的地质奇观资源，以大足石刻等为代表的历史文化资源，以磁器口古镇、洪崖洞等为代表的巴渝文化资源，以渣滓洞、白公馆等为代表的红色旅游资源，以解放碑、抗战遗址博物馆等为代表的抗战遗址资源。共有国家级非遗项目 53 项，市级非遗项目 707 项，区县级非遗项目 3428 项
四川（16个市）		
成都	共有国家 A 级景区 90 处，其中：5A 级景区 2 处，4A 级景区 48 处，3A 级景区 27 处，2A 级景区 12 处，1A 级景区 1 处	成都自古有"天府之国"美誉，是古蜀文明发祥地，有世界文化遗产都江堰、安仁古镇景区、世界自然遗产大熊猫栖息地、金沙遗址等，有武侯祠、杜甫草堂、永陵、望江楼、青羊宫、文殊院、明蜀王陵、昭觉寺等历史名胜古迹和人文景观，有距今 3700~4500 年的宝墩文化，有道教发源地鹤鸣山，有全国重点文物保护单位 41 处

区域	旅游景点数量	代表性文旅资源
德阳	共有国家 A 级景区 23 处，其中：4A 级景区 7 处，3A 级景区 12 处，2A 级景区 4 处	三星堆古蜀文化遗址，被誉为 20 世纪人类最伟大的考古发现之一和长江中上游地区中华古代文明的杰出代表。此外还有三国文化遗址白马关庞统祠、全国三大孔庙之一的德阳文庙、中国四大年画之一的绵竹年画、"大孝之乡"中国德孝城、"音乐活化石"仓山大乐、中国最大的现代石刻群德阳石刻艺术墙和特级英雄黄继光纪念馆等
眉山	共有国家 A 级景区 33 处，其中：4A 级景区 10 处，3A 级景区 16 处，2A 级景区 6 处，1A 级景区 1 处。另有著名景区景点 120 余处	眉山是著名的三苏文化之乡，素有"千载诗书城""人文第一州"美誉。眉山文化主要有东坡文化、长寿文化、道教文化、佛教文化、竹文化、水文化等。有"苏迷朝圣地"三苏祠、"最美桌山"瓦屋山、"长寿养生福地"彭祖山、"川西第一海"黑龙滩、"天然氧吧"七里坪、"穿越盛世"水街等名胜景区
资阳	共有国家 A 级景区 16 处，其中：4A 级景区 2 处，3A 级景区 9 处，2A 级景区 5 处	有始于南北朝、盛于唐宋的安岳石刻，以"古、多、精、美"被誉为"中国古代雕刻又一伟大宝库"，以及半月山大佛、河东大佛、陈毅故居、报国寺等
自贡	共有国家 A 级景区 18 处，其中：4A 级景区 9 处，3A 级景区 8 处，2A 级景区 1 处	自贡"因盐设市"，享有"千年盐都""恐龙之乡""南国灯城""美食之府"等美誉。还有自贡扎染、剪纸、龚扇等特色工艺文化，以及自贡盐帮菜等饮食文化
泸州	共有国家 A 级景区 31 处，其中：4A 级景区 13 处，3A 级景区 8 处，2A 级景区 10 处	拥有国家非物质文化遗产泸州老窖酒传统酿造技艺，国家非物质文化遗产泸州雨坛彩龙，著名红色旅游景点朱德旧居、红军四渡赤水太平渡陈列馆；还有国家自然保护区画稿溪、中国森林养生基地大旺竹海等。以上构成了泸州名酒文化、生态文化、红色文化、历史文化、长江文化等五大特色旅游资源
绵阳	共有国家 A 级景区 36 处，其中：5A 级景区 1 处，4A 级景区 16 处，3A 级景区 15 处，2A 级景区 4 处	有 2200 多年建城史，是诗仙李白以及"唐宋八大家"之一欧阳修的出生地，黄帝元妃丝绸之母嫘祖的故乡，夏王朝的缔造者大禹的诞生地。拥有 22 处国家重点文物保护单位，禹的传说、口弦音乐、跳曹盖被列为国家级非物质文化遗产，此外还有灯舞（羌族麻龙马灯）、文昌祭祀、梓潼片粉制作技艺等被列入省级非物质文化遗产名录
遂宁	共有国家 A 级景区 19 处，其中：4A 级景区 9 处，3A 级景区 7 处，2A 级景区 3 处	中国观音文化重要的发祥地，被誉为"中国观音文化之乡"。有中国死海、宋瓷博物馆、龙凤古镇等著名人文景观。沱牌曲酒传统酿造技艺、大英井盐深钻汲制技艺、徐氏泥彩塑三个项目被纳入国家级非物质文化遗产名录；此外还有省级非物质文化遗产 15 项

区域	旅游景点数量	代表性文旅资源
内江	共有国家 A 级景区 23 处，其中：国家 4A 级景区 10 处，国家 3A 级景区 10 处，国家 2A 级景区 3 处	资中中型杖头木偶戏被纳入国家级非物质文化遗产名录，另有省级非物质文化遗产 28 项，是孔子之师苌弘和国画大师张大千的故乡；拥有顺河岩墓群、圣水寺等全国重点文物保护单位 7 处，省级文物保护单位 42 处，市级文物保护单位 26 处，县级文物保护单位 117 处；国家级历史文化名镇 2 座（罗泉古镇、云顶古镇），省级历史文化名城 1 座（资中县），省级历史文化名镇 1 座（资中县铁佛镇），未定级不可移动文物（文物点）2075 处
乐山	共有国家 A 级景区 37 处，其中：5A 级景区 2 处，4A 级景区 14 处，3A 级景区 9 处，2A 级景区 12 处	拥有峨眉山、乐山大佛和东风堰 3 处世界遗产。共有全国重点文物保护单位 10 处，国家级非物质文化遗产 4 个，国家级风景名胜区 3 处，自然保护区、湿地公园各 2 处，国家级森林公园 3 处，国家级地质公园、矿山公园各 1 处，国家级水利风景区 4 处。20 世纪 80 年代发现的乐山睡佛与乐山大佛构成了"心即是佛"的千古奇观。还有大量未被开发的自然原生态景区，如木城桫椤沟，桫椤茂盛，堪称自然界的活化石王国。除了 A 级景区外，还有其他著名景点 28 处
南充	共有国家 A 级景区 14 处，其中：5A 级景区 2 处，4A 级景区 5 处，3A 级景区 5 处，2A 级景区 2 处	南充是三国文化和春节文化的发祥地。拥有阆中古城旅游景区、朱德故里 2 处国家 5A 级旅游景区，清水湖、青龙湖 2 处国家级湿地公园，以及桓侯庙、华光楼、青居淳祐故城遗址等历史文化遗迹。宗教名胜众多，如大像山、云台观、大佛寺、永安寺、建浩寺、天宫院、巴巴寺、清真寺、福音堂、天主堂，涵盖了道教、佛教、伊斯兰教、基督教和天主教五大宗教；另有南充白塔、营山白塔、南部禹迹山、南部李封观和神坝砖塔等塔寺
宜宾	共有国家 A 级景区 58 处，其中：4A 级景区 19 处，3A 级景区 35 处，2A 级景区 4 处	宜宾有"万里长江第一城""中国酒都""中国竹都"之称，有 2200 年建城史、4000 年酿酒史、3000 年种茶史，积聚了多姿多彩的长江文化、酒文化、僰苗文化、哪吒文化、抗战文化、民俗风情文化，是国家历史文化名城。拥有"五粮液酒传统酿造技艺""江安竹簧""兴文大坝高装"等国家级非物质文化遗产 4 项，省级非物质文化遗产 29 项。此外还有入选国家自然与文化遗产预备名录的蜀南竹海、国家级重点文物保护点李庄古镇、全国重点文物保护单位和森林康养试点单位七洞沟旅游景区、国家级自然保护区老君山、中国民间古建筑"活化石"夕佳山古民居等

区域	旅游景点数量	代表性文旅资源
广安	共有国家 A 级景区 24 处，其中：5A 级景区 1 处，4A 级景区 7 处，3A 级景区 11 处，2A 级景区 5 处	广安拥有"伟人故里""滨江之城""川东门户""红色旅游胜地"四张城市名片。它是邓小平同志的故乡，是全国 12 个"重点红色旅游区"和 30 条红色旅游精品线路之一，孕育了"红岩魂"这一独具特色的红色旅游资源
达州	共有国家 A 级景区 35 处，其中：4A 级景区 15 处，3A 级景区 19 处，2A 级景区 1 处	达州的罗家坝遗址、城坝遗址是长江上游古代巴人和巴文化中心遗址的发源地，是全国三大气田之一和国家"川气东送"的起点站。达州素有"巴人故里""中国气都"之称。拥有包括八台山、龙潭河、賨人谷、巴山大峡谷、罗家坝巴人文化遗址、宕渠古城等自然山水和人文文化一大批丰富的旅游资源
雅安	共有国家 A 级旅游景区 38 处，其中：5A 级景区 1 处，4A 级景区 21 处，3A 级景区 14 处，2A 级景区 2 处	有人类活动的历史可以追溯到旧石器时代，"富林文化"是中国南方旧石器时代晚期的重要文化遗址。拥有荥经砂器烧制技艺、南路边茶制作工艺、蒙山茶传统制作技艺、绿林派武术等 4 项国家级非物质文化遗产，23 项省级非物质文化遗产。此外全市共有红色旅游资源 221 个
广元	共有国家 A 级旅游景区 20 处，其中：5A 级景区 1 处，4A 级景区 15 处，3A 级景区 4 处	广元是先秦古栈道文化和中国蜀道文化的集中展现地、三国历史文化核心走廊、中国历史上唯一女皇帝武则天的出生地。有旺苍恐龙化石遗址、朝天区中子镇细石器时代遗址、广元张家坡新石器时代遗址、剑阁蔡家河小庙山聚落遗址，另外还有 140 多处三国遗址遗迹。有 5A 级景区剑门关、国家森林公园天曌山、国家级自然保护区唐家河和米仓山、全国重点文物保护单位觉苑寺，还有南河国家湿地公园、柏林湖国家级湿地公园

注：①除万盛经开区、武隆区、城口县、奉节县、巫山县、巫溪县、石柱土家族自治县、秀山土家族苗族自治县、酉阳土家族苗族自治县、彭水苗族土家族自治县的 29 个区县。

资料来源：文化和旅游部网站。

二　巴蜀文化旅游走廊文旅产业发展

2020 年以来，四川、重庆两省市以巴蜀文化为纽带，以文化旅游融合发展为重点，强化"一体化"建设，突出"一盘棋"推进，构建特色化、差异化产品和服务体系，着力打造区域文旅合作新典范，极核城市重庆、成都均获批"国家文化和旅游消费示范城市"，文旅产业快速发展。

（一）文化产业支柱作用不断加强

近年来，巴蜀文化旅游走廊中各节点城市文化产业加快发展，极核城市重庆和成都的文化产业发展势头更为强劲。"十三五"期间，重庆市文化产业增加值净增 420 亿元，达 966.88 亿元，年均增速超过 15%，远高于同期地区生产总值增速；占地区生产总值的比例上升 0.7 个百分点，达 4.1%，从 2015 年的全国第 24 位上升至 2019 年的第 13 位，西部排名从第 4 位上升至第 2 位。[①] 2021 年，重庆市实现文化产业增加值 1057.11 亿元，同比增长 8.9%。截至 2021 年底，重庆规上文化企业达 1147 家，比 2012 年增加 757 家，增长 1.9 倍，年均增速 12.7%（据图 3-1 计算）。2021 年，全市规上文化企业资产总计为 3685.1 亿元，比 2012 年增加 2917.0 亿元，增长 3.8 倍，年均增速为 19.0%。2021 年，全市规上文化企业营业收入为 2134.2 亿元，比 2012 年增加 1481.2 亿元，增长 2.3 倍，年均增长 14.1%。

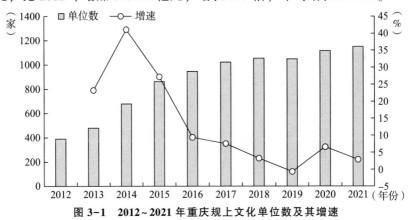

图 3-1　2012~2021 年重庆规上文化单位数及其增速

资料来源：《文化产业稳步发展 新兴产业势头强劲——十八大以来重庆市规上文化企业发展报告》，重庆市统计局网站，2022 年 10 月 11 日，http://tjj.cq.gov.cn/zwgk_233/fdzdgknr/tjxx/sjjd_55469/202210/t20221011_11177994.html。

[①]　《重庆市文化和旅游发展委员会关于印发〈重庆市文化产业发展"十四五"规划〉的通知》，重庆市文化和旅游发展委员会网站，2021 年 11 月 5 日，http://whlyw.cq.gov.cn/zwxx_221/bmdt/tzgg/202111/t20211105_9929380_wap.html。

近年来，重庆市大力推进文化产业园区建设，整合文化资源，加大对文化资源的开发利用，促进文化产业集聚发展。据统计，截至2023年，重庆市已有文化产业示范园区、示范基地共146家，其中：国家级文化产业示范园区1家、国家级文化产业示范基地7家（见表3-5）、市级文化产业示范园区41家、市级文化产业示范基地97家。[①]

表3-5　重庆市国家级文化产业示范园区及基地情况

类别	名称
国家级文化产业示范园区	南滨路国家级文化产业示范园区
国家级文化产业示范基地	重庆市綦江农民版画产业发展有限公司
	重庆巴国城文化投资有限公司
	重庆洪崖洞城市综合发展有限公司
	重庆商界传媒有限公司
	重庆演艺集团有限责任公司
	重庆猪八戒网络有限公司
	重庆壹秋堂文化传播有限公司

近年来，重庆对外文化贸易保持良好发展态势。重庆（西永）对外文化贸易基地与重庆对外文化贸易基地（总部）双轮驱动，推动重庆文化领域探索和创新，在促进特色文化资源和文创产业融合的同时，也推动重庆对外文化贸易提质增量，使重庆文化产业的国际影响力不断提升。截至2021年，重庆出版集团、重庆帕斯亚科技有限公司、重庆享弘影视股份有限公司等24家企业被评为国家文化出口重点企业。电视动画片《少年方舟志》、图书《格萨尔王》、杂技剧《花木兰》、"时光系列"大型3D模拟经营角色扮演游戏等17个项目进入国家文化出口重点项目目录。[②]

---

① 《市文化旅游委公布第七批重庆市文化产业示范园区、示范基地名单及示范园区创建名单》，重庆市文化和旅游发展委员会网站，2023年2月23日，http://whlyw. cq. gov. cn/zwxx_221/bmdt/gzdt/202302/t20230223_11644336_wap. html。

② 《重庆7产品荣获"中国好礼产业促进计划年度推荐产品"》，华龙网，2022年9月6日，http://cq. cqnews. net/html/2022-09/06/content_1016671743664439296. html。

"十三五"期间，成都被国家定位为西部文创中心城市，积极推动世界文化名城建设，着力打造世界文创名城、世界旅游名城、世界赛事名城和国际音乐之都、国际会展之都、国际美食之都"三城三都"。以建设世界文创名城为抓手，推动成都文化创意产业稳步发展，产业规模持续扩大。成都市文创产业增加值总体保持高增长态势，显著高于城市经济总体增长水平，文创产业增加值在城市经济总量中的占比不断提升。2016~2020年，成都市文创产业增加值从633.60亿元增长到1805.96亿元，年均增长近30%，占地区生产总值的比例从5.20%上升到10.19%，增长近5个百分点。①

2021年，成都市文创产业实现增加值2073.84亿元，同比增长14.83%，占成都市地区生产总值的比例持续提高，达到10.41%。②2021年，成都市共有规上文创企业2598家，同比增长15.98%（见图3-2），实现营业收入6749.3亿元，同比增长30.3%；规上文创企业实现增加值1270.4亿元，同比增长23.2%，占全市文创产业增加值的61.3%，对文创产业增加值增长的贡献率为89.2%。③

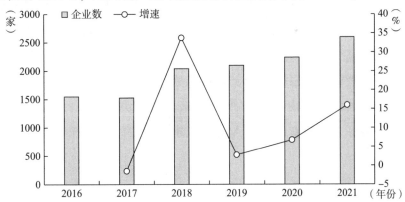

图3-2 2016~2021年成都市规上文创企业数及其增速
资料来源：成都市统计局内部数据。

---

① 数据来源于成都市统计局。
② 成都市文化体制改革和文化产业发展领导小组办公室、成都市社会科学院主编《成都市文化创意产业发展报告（2022）》，社会科学文献出版社，2023，第32~33页。
③ 数据来源于成都市统计局内部数据。

　　成都市不断加强对外文化贸易发展，发展壮大了一批在国内外具有较强竞争力的对外文化贸易企业，形成了一批具有国际美誉度的文化产品和品牌，打造了一批具有较大影响力的对外文化贸易基地和交易平台，带动了文化贸易高质量发展。2021 年，成都市共有成都乐曼多科技有限公司、四川赛领文化贸易集团有限公司等 10 家在蓉文化企业和蜀道风流、休斯敦冬季梦幻彩灯节等 6 个在蓉文化项目入选 2021~2022 年度国家文化出口重点企业和重点项目，创历史新高。成都市通过"实体园区、网络平台、线上线下"立体结合，大力发展国际文化会展、保税文化交易、文化进出口仓储物流、国际文化市场信息服务等新兴业态，促进文化产品和服务的对外贸易。① 创办于 2007 年的中国成都国际非遗节和 2014 年开办的成都创意设计周等国际性展会规模不断扩大，在全球的影响力和美誉度不断提高，为成都文化产品和服务"走出去"以及提升国际知名度提供了重要的平台。②

（二）旅游产业高质量发展

　　重庆市旅游业影响力不断扩大，旅游精品量质并举，是国家级文化和旅游消费示范城市，旅游美誉度、满意度显著提升。"十三五"期间，重庆市新增国家 5A 级旅游景区 3 个、4A 级旅游景区 27 个、国家级旅游度假区 1 个、国家全域旅游示范区 4 个、国家级文化和旅游消费示范城市 1 个。③ 旅游接待平稳快速增长，2016~2019 年接待游客人次和旅游总收入年均增速分别达到 13.8% 和 26.4%。④

---

① 阎星、尹宏等：《传承与创新——文创中心建设之文化产业发展》，四川大学出版社，2018，第 170 页。
② 阎星、尹宏等：《传承与创新——文创中心建设之文化产业发展》，四川大学出版社，2018，第 170 页。
③ 《重庆市文化和旅游发展"十四五"规划》，重庆市文化和旅游发展委员会网站，2022 年 4 月 13 日，http://whlyw.cq.gov.cn/zwgk_221/fdzdgknr/ghxx/202204/t20220413_10614794_wap.html。
④ 《重庆市文化和旅游发展"十四五"规划》，重庆市文化和旅游发展委员会网站，2022 年 4 月 13 日，http://whlyw.cq.gov.cn/zwgk_221/fdzdgknr/ghxx/202204/t20220413_10614794_wap.html。

近年来，重庆不断优化旅游服务，注重提升旅游业发展质量，让其在国内外的旅游美誉度和满意度日益提高。2022年11月，中国旅游研究院发布《全国游客满意度报告（2012—2022）》，2012年第四季度至2022年第三季度共十年40个季度全国游客满意度调查数据显示，重庆游客满意度累计33个季度的排名在60个样本城市前十位。[①] 根据中国旅游研究院发布的全国旅游城市游客满意度评价结果，2017年以来，重庆市游客满意度多年居全国前列。

　　2021年，重庆市共有53023家文化旅游企业[②]，旅游产业实现增加值1076.09亿元，同比增长9.9%，占地区生产总值的3.9%（见表3-6），主城都市区旅游产业增加值为775.08亿元，增速8.8%，占地区生产总值的3.6%。2021年，重庆市游客满意度持续位居全国前列。[③] 2021年，重庆86个市级重大文旅项目建设扎实推进。根据《2021年重庆市旅游业统计公报》，2021年末，重庆市旅游从业人员达到227.72万人，直接从业人员有36.21万人；全市持有电子导游证的导游有12091人，其中：特级1人，高级54人，中级327人，初级11709人。[④]

表 3-6　2021 年重庆市旅游产业主要指标

主要指标	绝对值	同比增长（%）
接待过夜游客人次数（万人次）	8834.86	37.2
A 级景区接待游客人次数（万人次）	17546	9.0
旅游产业增加值总额（亿元）	1076.09	9.9
旅游产业增加值占 GDP 比例（%）	3.9	与上年持平

　　资料来源：《2021年重庆市旅游业统计公报》，重庆市文化和旅游发展委员会网站，2022年4月25日，http://whlyw.cq.gov.cn/wlzx_221/sjfb/202204/t20220425_10655394.html。

① 《重庆入选"非凡十年·魅力二十城"旅游城市》，文化和旅游部网站，2022年11月30日，https://www.mct.gov.cn/whzx/qgwhxxlb/cq/202211/t20221130_937835.htm。
② 《重庆 A 级景区开放率 95.3% 规上文旅企业复工率 84.7%》，上游新闻网，2022年5月4日，https://www.cqcb.com/hot/2020-05-04/2373491_pc.html。
③ 《"成绩单"出炉！2021年重庆游客满意度持续位居全国前列》，"上游新闻"百家号，2022年3月23日，https://baijiahao.baidu.com/s? id=1728099282641641576&wfr=spider&for=pc。
④ 《2021年重庆市旅游业统计公报》，重庆市文化和旅游发展委员会网站，2022年4月25日，http://whlyw.cq.gov.cn/wlzx_221/sjfb/202204/t20220425_10655394.html。

近年来，成都市以创建世界旅游名城为抓手，着力推动旅游产业高质量发展，成功创建"国家文化和旅游消费示范城市"。2021年，成都市接待游客总数达2.05亿人次，比上年增长4.68%，实现旅游总收入达到3085亿元，比上年增长2.76%，约占地区生产总值的15.5%。[①] 成都市成为唯一入选美国CNN发布的"一生必去50个地方"的中国城市，文化和旅游部、国家发展改革委、财政部授予成都首批"国家文化和旅游消费示范城市"称号。成都位居2022年中国城市旅游收入第四名（见图3-3）。截至2022年底，全市创建国家A级旅游景区92家（其中4A级50家、5A级2家），星级旅游饭店80家（其中五星级17家、四星级32家）[②]；国家级旅游度假区1家，国家级旅游休闲街区3个，全国乡村旅游重点村11个，全国乡村旅游重点镇1个，获评国家夜间文化和旅游集聚区5个，国家级滑雪旅游度假地1个，首批国家级文明旅游示范单位1个，拥有一批国家级旅游品牌[③]。

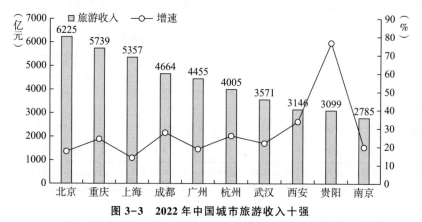

图3-3　2022年中国城市旅游收入十强

资料来源：《2022年中国城市旅游收入30强排行榜》，网易公众号，2023年3月15日，https://m.163.com/dy/article/HVT0VL8505561PSI.html。

① 《2022年成都市政府工作报告》，四川新闻网，2022年1月29日，http://scnews.newssc.org/system/20220129/001238248.html。

② 四川文化和旅游年鉴编委会：《四川文化和旅游年鉴2023》，电子科技大学出版社，2023，第129~130页。

③ 相关数据根据文化和旅游部网站信息整理得出。

2019 年以来，成都加快推动旅游业强链补链，布局重大项目，引育龙头企业，不断夯实产业基础，促进产业能级跃升。截至 2022 年底，成都已签约引进重大文旅项目 121 个，协议总投资 1403.21 亿元，其中，中国国信、A8 新媒体集团、北京当红齐天、福建龙川、祥源控股、深州众山集团等"链主"龙头企业投资项目 24 个。实施"高规格"营销合作，成功举办联合国世界旅游组织第 22 届全体大会、中国（四川）国际旅游投资大会、成都国际旅游展等重大旅游展会活动，其中联合国世界旅游组织第 22 届全体大会邀请到 100 余位国家部长级贵宾和 800 余位正式代表出席，国家主席习近平向大会致贺词，世界旅游组织、国家部委和各国嘉宾给予高度评价。

（三）文旅产业融合发展

近年来，重庆市加大文旅融合发展力度，出台《中共重庆市委重庆市人民政府关于加快全域旅游发展的意见》《重庆市进一步激发文化和旅游消费潜力的行动计划》等系列政策，完成市、区县两级文化和旅游部门改革，文旅融合发展进入新阶段。制作大型杂技秀《魔幻之都·极限快乐 SHOW》，填补了重庆中心城区无驻场旅游演艺节目的空白。成功举办两季"双晒"大型文旅推介活动，在文旅推介机制创新、文旅资源深度挖掘及文创特色广泛推广方面取得显著成效。

成都市积极创建"国家文化和旅游产业融合发展示范区"，着力推动文旅融合精品开发，发布红色游、文博游、研学游等系列精品线路 100 余条，开发夜游锦江、天府沸腾小镇等融合体验项目，推出《伎乐·24》《今时今日安仁》《熊猫》等旅游演艺产品，推进"成都礼物"进景区、进商圈，其中"莫西熊猫"成为中国好礼产业促进计划形象大使；全市博物馆数量达 172 家，茶吧、酒吧数量位居全国第一，获评"中国民宿第一城"，稳居"首店经济"第三城。

三　巴蜀文化旅游走廊公共文化服务体系建设

2020 年 6 月，川渝签署《成渝地区文化和旅游公共服务协同发展合作协议（2020—2025 年）》，提出推动建设巴蜀文化旅游公共服务融合高质量发展示范区，共同推动巴蜀文化旅游走廊建设。巴蜀文化旅游走廊中各节点城市着力健全现代公共文化服务体系，特别是极核城市重庆和成都，积极创建国家公共文化服务体系示范区，建成覆盖城乡、便捷高效的现代公共文化服务体系，提高保基本、促公平的公共文化服务实效性，推进公共文化服务高质量发展。

（一）公共文化服务设施体系基本建成

到 2022 年，巴蜀文化旅游走廊各节点城市基本建成公共文化服务设施体系，基本实现"县有公共图书馆、文化馆，乡有综合文化站"[1]，总体运行平稳。巴蜀文化旅游走廊共有公共图书馆 173 个，文化馆 168 个，文化站（中心）7966 个，博物馆 399 家（见表 3-7）。截至 2023 年，极核城市重庆和成都共有一级图书馆 60 个[2]，一级文化馆 60 个（仅公布了 2021 年数据）[3]，国家级博物馆共 44 个[4]。

---

[1] 蒙小军、蒋强、卢根旺：《关于巴蜀文化旅游走廊建设情况专题调研报告》，《民主法制建设》2023 年第 2 期。

[2] 《文化和旅游部关于公布第七次全国县级以上公共图书馆评估定级上等级馆名单的通知》，文化和旅游部网站，2023 年 12 月 28 日，https://zwgk.mct.gov.cn/zfxxgkml/ggfw/202312/t20231228_950575.html。

[3] 《文化和旅游部公共服务司关于第五次全国文化馆评估定级拟命名一二三级文化馆名单的公示》，中国文化馆协会网站，2021 年 11 月 18 日，https://www.cpcca.org.cn/evaluate/info?id=109cfe4f2a7a4726882c84e120a32a0f。

[4] 《全市博物馆名录（截至 2023 年 12 月）》，重庆市文化和旅游发展委员会网站，2023 年 12 月 27 日，https://whlyw.cq.gov.cn/zwgk_221/zfxxgkml/jyta_205577/202312/t20231227_12750256.html；《"博物馆之城"建设的成都路线》，"光明网"百家号，2024 年 5 月 17 日，https://baijiahao.baidu.com/s?id=1799303993181237663&wfr=spider&for=pc。

表 3-7　2021 年巴蜀文化旅游走廊公共文化服务设施数量

单位：个

城市	公共图书馆	文化馆	文化站（中心）	博物馆
重庆（31 个区县*）	37	33	665	98
中心城区	11	12	103	58
万州	1	1	52	2
涪陵	2	1	27	1
綦江	2	1	20	1
大足	1	2	25	2
黔江	1	1	30	1
长寿	1	1	20	2
江津	1	1	30	4
合川	1	1	30	4
永川	1	1	23	3
南川	1	1	34	2
璧山	1	1	15	1
铜梁	1	1	12	3
潼南	1	1	22	2
荣昌	1	1	21	4
梁平	2	1	33	1
丰都	1	1	30	1
忠县	1	1	29	2
垫江	3	1	26	1
开州	1	1	41	2
云阳	2	1	42	1
四川（15 个市）	136	135	7301	301
成都	23	23	3333	160
德阳	7	7	118	12
眉山	7	7	133	6
资阳	4	4	122	2
自贡	7	7	99	4
泸州	9	8	1601	21
绵阳	10	10	289	18

城市	公共图书馆	文化馆	文化站（中心）	博物馆
遂宁	6	6	124	2
内江	6	6	120	13
乐山	12	12	200	12
南充	10	10	426	14
宜宾	11	11	186	15
广安	7	7	179	4
达州	8	8	229	4
雅安	9	9	142	14

注：＊重庆市的中心城区及万州、涪陵、綦江、大足、黔江、长寿、江津、合川、永川、南川、璧山、铜梁、潼南、荣昌、梁平、丰都、垫江、忠县等27个区县以及开州、云阳的部分地区。四川省的成都、自贡、泸州、德阳、绵阳（除平武县、北川县）、遂宁、内江、乐山、南充、眉山、宜宾、广安、达州（除万源市）、雅安（除天全县、宝兴县）、资阳等15个市。

资料来源：巴蜀文化旅游走廊各城市2021年国民经济和社会发展统计公报、重庆市文化馆名录（2022年）、重庆市博物馆名录（2022年）。

（二）公共文化服务共建共享取得实效

巴蜀文化旅游走廊各节点城市不断打破公共文化服务壁垒，共同塑造文化活动品牌，促进公共文化服务一体化发展。在图书馆、博物馆、美术馆、文化馆等场馆之间建立成渝地区双城经济圈总分馆体系、合作联盟。启动"川渝阅读一卡通"项目，四川省图书馆、重庆图书馆、成都图书馆三馆已基本实现资源共享，巴蜀文化旅游走廊居民凭身份证或社保卡即可享受图书"通借通还"服务。成都市2022年底国家一级图书馆、国家一级文化馆形成2个线上公共文化服务品牌，国家二级图书馆、国家二级文化馆形成1个线上公共文化服务品牌。重庆、成都品牌文化机构跨区域运营文化设施和场馆，打造"嵌入式"新型文化空间和成渝文化消费新场景，将川渝毗邻地区人口集中、工作基础好的乡镇综合文化站建设成为覆盖周边地区的区域文化中心。重庆打造了140余家融合图书阅读、艺术展览、文化沙龙、轻食餐饮等服务的"24小时城市书房""文化驿站"。四川省图书馆着力打造了川渝阅读推广品牌——"领读者"方言诵读、"巴蜀讲坛"走川渝、"名中医·巴蜀行"系列讲座。

（三）公共文化服务数字化水平不断提高

川渝两地积极推动巴蜀文化旅游走廊公共文化服务数字化发展，支持公共文化机构、文艺院团、文化类社会组织等开发文化旅游服务平台，并扩大服务辐射范围。四川制定实施《四川省"十四五"文化和旅游科技创新规划》和《四川省数字文旅发展三年行动计划（2023—2025）》等规划，重庆制定了《重庆市旅游业发展"十四五"规划（2021—2025年)》，初步形成了数字文旅总体方案，共同推动文旅产业向深度数字化迈进。四川省文化和旅游信息化促进会、重庆市文旅科技融合发展促进会共同发起智慧文旅联盟，2023年成员单位突破1000家。

川渝两地建设集"吃住行游购娱"于一体的"智游天府""惠游重庆"公共服务平台，为公众提供三大类16项服务。[1] 其中，"智游天府"平台公众端用户注册数近100万人次[2]，800余家A级旅游景区、600余家文博场所实现了"三码合一"（健康码、场所码、入园码)[3]。川渝实施"互联网+公共文化服务"工程，制定公共文化服务标准，巴蜀文化旅游走廊公共服务与文化旅游服务一体化、便捷化水平不断提高。"四川公共文化云"服务平台将公共文化机构全面接入公共文化云基层智能服务端，"巴渝文旅云"实现游客身份信息互通共享及跨平台核验认证，可凭借"一码"游览两地景区和文化旅游场馆。

---

[1]　侯东德、雍晨：《加快巴蜀文化旅游走廊数字化建设》，光明网，2023年4月14日，https：//reader. gmw. cn/2023-04/14/content_36497828. htm。

[2]　勾晓庆：《数字化创新实践案例 |"智游天府"平台：打造智慧文旅的"四川功夫"》，人民号网站，2022年11月2日，https：//rmh. pdnews. cn/Pc/ArtInfoApi/article？ id ＝ 32096401。

[3]　《数字化赋能 四川全力为游客提供"安逸服务"》，成都分类信息网，2022年11月16日，https：//www. cdflxx. com/news/493. html。

巴蜀文化旅游走廊中各节点城市充分利用现有数字平台和数字资源，积极开展在线预约、展览、阅读、培训活动，提供在线讲座、游览等便捷高效的公共数字文化服务。重庆凭借线下自助借还机和线上智慧平台相结合的"YUE·渝中"阅读驿站，集在线办证、驿站图书借还、漂流站图书漂流、电子书阅读、文旅地图打卡、活动在线报名、场馆在线预约、文创产品展示售卖、积分兑换礼品等功能于一体，构建全新的智慧阅读服务体系。成都以"文化天府—成都市公共数字文化服务云平台""成都数字图书馆""成都公共图书馆通借通还系统""成都数字文博"等平台，积极打造覆盖全市的常态化云直播在线互动教学、讲座直播数字服务品牌，实现公共文化数字服务一体化发展。例如，"文化天府云"有效整合了全市各类公共数字文化资源，实现了 21 个区（市）县公共文化服务互联互通，为群众提供一站式、集成式、多媒体覆盖的公共数字文化服务，截至 2023 年 9 月，"文化天府"累计注册人数 1200 余万人，下载量255 余万人次，点击量超 1 亿人次。① 再如，成都市成华区图书馆"熊猫·云书房"以线上选书、手机下单、送书上门、预约还书的"图书外卖"新体验，实现图书资源精准化供给，已陆续上架新书约20000 册。

四　巴蜀文化旅游走廊区域文旅协同

近年来，巴蜀文化旅游走廊各节点城市深化一体化战略共识，深入挖掘巴蜀文化特色，共建文旅协同发展机制，努力构建起跨区域协同发展格局，力争把巴蜀文化旅游走廊打造成为具有国际范、

---

① 《成都市公共文化服务优秀品牌优秀案例集锦（五）公共文化服务数字化类》，文旅成都公众号，2023 年 9 月 18 日，https：//mp. weixin. qq. com/s？__biz＝MzAwMDE3ODA2MA＝＝&mid＝2653256886&idx＝3&sn＝c4fcf41d391f3847b01c575df7a65130&chksm＝813d3e55b64ab74343d906f55fc6c74e51157cf95f5d61c97d2ec2e90c587f17f4a11843003a&scene＝27。

中国味、巴蜀韵的世界级休闲旅游胜地。

（一）文旅协同发展机制初步建立

川渝两地积极协同巴蜀文化旅游走廊建设的顶层设计，组建巴蜀文化旅游走廊建设专项工作组，初步形成文旅协同发展机制。成渝文旅部门携手推进深度合作，联合成立专项工作组，通过召开联席会议、签订战略合作协议、成立合作联盟、联合举办展览展示、共推精品剧目、发布精品线路、互派干部挂职等，不断深化合作。先后签订《成渝地区文化和旅游公共服务协同发展合作协议（2020—2025年）》，出台《成渝地区文化旅游公共服务协同发展"12343"合作协议》。2023年，川渝两地16个文旅单位、机构、企业签订合作协议，有效整合区域文化旅游资源，进一步推动巴蜀文化旅游走廊建设。

巴蜀文化旅游走廊极核城市、各节点城市及区（市）县深化文旅合作，成都都市圈成立了成都平原经济区文化旅游合作联盟，召开文旅融合推介会，开展"成渝地·巴蜀情"活动，推出精品文旅线路，定期召开区域协作沟通联席会议，使都市圈区域协同稳步发展。川渝陕3市3区8县携手成立"大巴山·大三峡"文化旅游发展联盟，发布主题旅游线路和经典景区名单，形成《推动川渝万达开地区统筹发展总体方案》，以旅游业为龙头的现代服务业发展成势。重庆市歌剧院（重庆交响乐团）和四川交响乐团签订合作协议；成渝美术馆签订"共同推进成渝地区双城经济圈美术馆联盟发展"协议；成都杜甫草堂博物馆和武侯祠博物馆与奉节县白帝城博物馆签订合作协议；资阳和大足联合编制《资阳大足文旅融合发展示范区总体方案》，重庆奉节县和四川省犍为县签订文旅合作协议；重庆南川金佛山景区、重庆涪陵武陵山大裂谷景区、四川四姑娘山、四川稻城亚丁景区签订川渝精品景区合作协议；广安华蓥市、自贡大安区和重庆红岩联线文化发展中心签订红色旅游发展合作协议。

（二）共推巴蜀文化遗产保护传承

为推动巴蜀文化旅游走廊非物质文化遗产的保护、传承、利用和发展，2021 年，川渝两地建成川渝非物质文化遗产联盟，签署《推动成渝地区双城经济圈非物质文化遗产保护共建合作框架协议》，共同构建巴蜀文化旅游走廊非物质文化遗产保护联动机制和传承体系。两地推进"考古中国"重大项目——"川渝地区巴蜀文明进程研究"考古发掘，加强巴蜀文物考古研究与保护管理。成都金沙遗址博物馆和德阳三星堆遗址管委会签订《三星堆遗址与金沙遗址联合申遗合作协议》，推动三星堆—金沙遗址联合申遗，这标志着巴蜀文化旅游走廊非遗互促互享迈入新阶段。

（三）布局一批重大项目

川渝两地将重大项目带动战略摆在突出的位置，联合实施一批有引领带动作用的重大文化旅游产业项目，大力开发"文旅+大熊猫""旅游+互联网"等新业态，合作培育"巴蜀脊梁"红色旅游、"巴山蜀水"生态康养等十大巴蜀特色优势产业集群，实施"培育世界级休闲旅游胜地行动计划、文旅赋能乡村振兴行动计划、智慧文旅建设行动计划、文化艺术创新发展行动计划、公共服务提质增效行动计划、文化遗产保护利用行动计划、文旅产业高质量发展行动计划、文化交流与宣传推广行动计划、广播电视和网络视听发展行动计划、文化旅游保障能力提升行动计划"等巴蜀文化旅游走廊建设工程十项行动计划，加快布局巴蜀文化旅游走廊新赛道，共同培育巴蜀文旅新优势。

（四）共创区域文旅品牌

川渝两地加强巴蜀文化旅游走廊多层级深度互动合作，轮流举办巴蜀合唱节、成渝地区文化和旅游公共服务及产品采购大会、"技炫巴蜀"川渝杂技魔术展、川渝中国画作品展、《巴音蜀韵—成渝·双城国乐嘉年华》音乐会等公共文化活动[①]，联合开展"川渝双城艺术季""非遗过大年·文化进万家"等主题活动，举办第六届中国诗歌节、巴蜀合唱节等重大活动，开展"巴蜀文化旅游走廊自由行"活动，共同培育"成渝地·巴蜀情"、熊猫故乡、魅力都市、石窟艺术和壮美三峡等巴蜀文旅品牌，推进川渝文旅活动品牌一体化发展[②]。

[①]　刘洋、龙希成：《成渝实践公共服务共建共享》，《民生周刊》2022 年第 23 期。
[②]　《推动巴蜀文化旅游走廊建设大事记（2020 年 4 月至 2022 年 6 月）》，重庆市文化和旅游发展委员会网站，2022 年 7 月 28 日，https://whlyw.cq.gov.cn/zwxx_221/ztzl/bswhlyzljs/gzxx/202207/t20220728_10960905_wap.html。

第四章
巴蜀文化旅游走廊文旅产业融合发展水平评价

文旅融合是文旅产业发展的重要方向,是巴蜀文化旅游走廊建设的重要内容。本章基于2008~2021年数据对巴蜀文化旅游走廊的文旅产业融合发展水平进行测度,探究文旅产业融合的时空分异特征和空间演进规律,并实证分析影响文旅产业融合的内外因素。

一 数据来源和研究方法

本节基于2008~2021年的相关数据,运用耦合协调度模型衡量文旅产业的融合水平,并结合收敛性分析和探索性空间数据分析,研究重庆、成都等16个地级及以上城市的文化旅游产业发展水平,探究文旅融合的空间分布特征和发展动力。

(一)研究范畴

本书依据2022年发布的《巴蜀文化旅游走廊建设规划》所确定的空间范畴①进行研究。考虑到数据的可得性,研究对象具体包括重

---

① 具体包括:重庆市的中心城区及万州、涪陵、綦江、大足、黔江、长寿、江(转下页注)

庆、成都、自贡、绵阳、泸州、乐山、宜宾、遂宁、南充、达州、眉山、资阳、广安、内江、德阳及雅安共16个地级及以上城市。

（二）数据来源

基于数据的可得性以及指标的科学性，本章借鉴既有文献[①]，以2008~2021年为研究周期，选取文化以及相关产业机构数（个）、文化以及相关产业从业人数（人）、公共图书馆藏书数量（万册）、城镇居民家庭全年人均教育文化娱乐支出（元）、专利授权数（件）、文化从业人数占全市从业人数比例（%）、互联网宽带接入用户数（万户）7个测度指标来衡量文化产业的发展；选取公路游客周转量（万人），文化、体育和娱乐从业人数（万人），星级饭店个数（个），入境旅游人数（万人），旅游外汇收入（亿元），国内旅游人数（万人），国内旅游收入（亿元）7个测度指标来衡量旅游产业的发展。数据主要来源于2009~2022年省级以及各市（州）统计年鉴、2008~2021年统计公报、CEIC数据库以及官方网站，缺失数值采用插值法补齐。

（三）研究方法

1. 融合度测度

本章采用耦合协调度模型对巴蜀文化旅游走廊文旅产业融合发展水平进行测度。耦合表示不同系统之间通过相互作用彼此影响从而产生协同的现象，是一种间接测评融合的方法。耦合评价方法

（接上页注①）津、合川、永川、南川、璧山、铜梁、潼南、荣昌、梁平、丰都、垫江、忠县等27个区（县）以及开州、云阳的部分地区，四川省的成都、自贡、泸州、德阳、绵阳（除平武县、北川县）、遂宁、内江、乐山、南充、眉山、宜宾、广安、达州（除万源市）、雅安（除天全县、宝兴县）、资阳等15个市。

① 洪学婷、黄震方、于逢荷等：《长三角城市文化资源与旅游产业耦合协调及补偿机制》，《经济地理》2020年第9期；于秋阳、王倩、颜鑫：《长三角城市群文旅融合：耦合协调、时空演进与发展路径研究》，《华东师范大学学报》（哲学社会科学版）2022年第2期；赵嫚、王如忠：《中国文化产业和旅游产业融合发展动力机制与发展评价》，《生态经济》2022年第2期。

具有广泛的适用性和简便性，是目前应用于不同系统演化关系测算的主要方法。本章假设文化产业和旅游产业的综合发展指数分别为 X_1、X_2，U 代表文化产业和旅游产业融合度，具体测算方法参照赵嫚和王如忠的研究[①]，评价标准如表 4-1 所示。

表 4-1　文化产业和旅游产业耦合度、融合度（耦合协调度）评价标准

耦合度 C	耦合等级	融合度 U	协调度等级	融合度 U	协调度等级
$C=0$	无耦合	$0.90<U\leq1.00$	优质协调	$0.30<U\leq0.40$	轻度失调
$0<C\leq0.2$	低度耦合	$0.80<U\leq0.90$	良好协调	$0.20<U\leq0.30$	中度失调
$0.2<C\leq0.4$	中低度耦合	$0.70<U\leq0.80$	中级协调	$0.10<U\leq0.20$	严重失调
$0.4<C\leq0.6$	中度耦合	$0.60<U\leq0.70$	初级协调	$0<U\leq0.10$	极度失调
$0.6<C\leq0.8$	中高度耦合	$0.50<U\leq0.60$	勉强协调	$U=0$	无融合
$0.8<C\leq1.0$	高度耦合	$0.40<U\leq0.50$	濒临失调	—	—

2. 收敛性分析

本章通过收敛性分析来测算巴蜀文化旅游走廊文旅融合一体化情况及其演变趋势。收敛意味着融合度较低的城市发展速度更快，即区域内各城市发展水平趋向接近，常用 σ 收敛、β 收敛模型进行分析。[②] σ 收敛原指随着时间的推移，一个国家或地区的人均产出（收入）差异会缩小，本章采用标准差和泰尔指数指标来探究巴蜀文化旅游走廊各城市融合度差异是否会随着时间推移逐渐缩小。β 收敛是指具有相同基本经济特征的国家的经济增长率与经济发展水平之间存在负相关关系。本章采用绝对 β 收敛来探究融合水平较低的城市是否具有较快的发展速度，即在不控制任何因素的情况下呈现收敛趋势特征。存在绝对收敛（β 系数小于 0 且显著）说明收敛是无条件的，弱势区域应该发展更快，即融合度较低的城市具有较快的融

① 赵嫚、王如忠：《中国文化产业和旅游产业融合发展动力机制与发展评价》，《生态经济》2022 年第 2 期。
② 赵磊：《中国旅游全要素生产率差异与收敛实证研究》，《旅游学刊》2013 年第 11 期；刘帅：《中国经济增长质量的地区差异与随机收敛》，《数量经济技术经济研究》2019 年第 9 期。

合速度。不存在绝对收敛（β 大于等于 0）则表示可能是发散的。

3. 探索性空间数据分析

探索性空间数据分析（ESDA）是以空间关联测度为核心，探究地区经济社会发展空间分布特征的一种分析方法，能够通过空间分布的可视化从而发现其空间关联性和集聚性，常用莫兰指数（Moran's I）进行度量。[1] 全局莫兰指数（取值在 -1 到 1 之间）用于探究空间是否存在集聚或者异常值，其中，Moran's I 为正值表示正相关，越接近 1 空间相关性越明显，具有相同属性的集聚在一起；Moran's I 为负值表示负相关，越接近 -1 空间差异越大，表明属性相异的集聚在一起；Moran's I 为 0 时，空间呈现随机性。局部莫兰指数则是对局部区域空间集聚性或分异性进行分析，本章以莫兰散点图呈现。其中，莫兰散点图原点代表当年的全局莫兰指数，第一象限（"高-高"）、第三象限（"低-低"）表示正的空间自相关性，第二象限（"低-高"）、第四象限（"高-低"）表示负的空间自相关性，样本点距离原点的距离代表了集聚显著性，距离越远代表显著性越强，反之则越弱。第一象限表明某个样本及其周围的其他样本都是高值；第二象限表明某个样本本身是低值，而周围样本是高值；第三象限表明样本及其周围样本均为低值；第四象限表明样本本身是高值，周围样本是低值。

二　巴蜀文化旅游走廊文旅产业融合度的时空分异

本节基于巴蜀文化旅游走廊部分城市的时间序列数据，纵向比较巴蜀文化旅游走廊文化产业和旅游产业子系统以及其耦合度、融合度的时序变化和空间分布变化。为了更加全面地分析文旅产业的时空特征，按照均值时间演变趋势分析时序变化，选取截面文旅融

---

[1]　刘佳、王娟、奚一丹：《中国旅游经济增长质量的空间格局演化》，《经济管理》2016 年第 8 期；郑涛、李达、石岩璞等：《京津冀区域经济差异时空特征分析》，《工业技术经济》2017 年第 1 期。

合度阐述空间分布情况。

（一）融合度水平分析

根据上述指标，对巴蜀文化旅游走廊 2008~2021 年的文旅融合度进行计算，权重由熵权法确定，结果如表 4-2 所示。

表 4-2　2008~2021 年巴蜀文化旅游走廊部分城市文旅融合度

城市	2008 年	2011 年	2012 年	2013 年	2014 年	2015 年	2016 年	2017 年	2018 年	2019 年	2020 年	2021 年	均值
重庆	0.380	0.445	0.469	0.479	0.514	0.547	0.571	0.608	0.642	0.663	0.546	0.555	0.517
成都	0.272	0.352	0.379	0.410	0.395	0.444	0.480	0.487	0.502	0.514	0.436	0.445	0.411
自贡	0.091	0.094	0.102	0.109	0.112	0.115	0.119	0.124	0.130	0.135	0.124	0.109	0.111
泸州	0.110	0.124	0.131	0.135	0.135	0.137	0.140	0.144	0.150	0.154	0.144	0.155	0.135
德阳	0.090	0.102	0.116	0.150	0.117	0.123	0.131	0.140	0.146	0.150	0.138	0.123	0.123
绵阳	0.129	0.144	0.151	0.153	0.156	0.160	0.166	0.170	0.179	0.181	0.176	0.182	0.158
遂宁	0.093	0.104	0.112	0.114	0.120	0.119	0.130	0.131	0.135	0.147	0.147	0.149	0.121
内江	0.097	0.100	0.102	0.108	0.111	0.114	0.121	0.137	0.141	0.144	0.142	0.140	0.118
乐山	0.123	0.135	0.148	0.144	0.148	0.151	0.159	0.170	0.171	0.179	0.165	0.169	0.151
南充	0.126	0.138	0.145	0.150	0.151	0.157	0.159	0.164	0.166	0.175	0.179	0.190	0.154
眉山	0.084	0.093	0.099	0.103	0.114	0.117	0.121	0.128	0.131	0.135	0.129	0.135	0.112
宜宾	0.117	0.126	0.131	0.133	0.132	0.139	0.143	0.148	0.154	0.161	0.155	0.166	0.139
广安	0.096	0.114	0.117	0.120	0.122	0.128	0.133	0.136	0.139	0.144	0.171	0.142	0.127
达州	0.107	0.115	0.118	0.121	0.115	0.119	0.128	0.131	0.134	0.148	0.144	0.146	0.125
雅安	0.095	0.094	0.103	0.107	0.110	0.114	0.119	0.122	0.127	0.132	0.128	0.131	0.113
资阳	0.105	0.114	0.118	0.121	0.122	0.124	0.108	0.107	0.110	0.109	0.099	0.104	0.111
均值	0.132	0.150	0.159	0.166	0.167	0.176	0.183	0.190	0.197	0.204	0.189	0.190	0.170

注：鉴于篇幅，仅展示部分年份融合度数据，耦合度和其他年份融合度数据可联系笔者索取。

从总体来看，2008~2021 年，巴蜀文化旅游走廊文化产业和旅游产业耦合度为 0.4~0.6，耦合程度在缓慢提高、波动上升，但是增速较慢，整体处于中度耦合阶段。在文旅融合方面，巴蜀文化旅游走廊文旅融合度均值为 0.170，融合水平较低，处于严重失调阶段。从总体变化趋势来看，文化产业和旅游产业的融合水平缓慢提高，从 2008 年的 0.132 提高到 2019 年的 0.204（见图 4-1），由严重失调阶段进入中度失调阶段。虽然受到新冠疫情的影响，文旅融合水平在 2020 年和

2021 年存在一定回落，但是整体融合向好趋势依然存在。从城市层面看，2008~2021 年，巴蜀文化旅游走廊城市中重庆的文旅融合度均值最高，为 0.517，处于勉强协调阶段；成都的文旅融合度居第二位，为 0.411，处于濒临失调阶段；除重庆和成都两市外，走廊内其他城市文旅融合度均为 0.1~0.2，处于严重失调阶段（见图 4-2）。从省域分布来看，四川省内以成都为中心，文旅融合度明显高于周边城市。

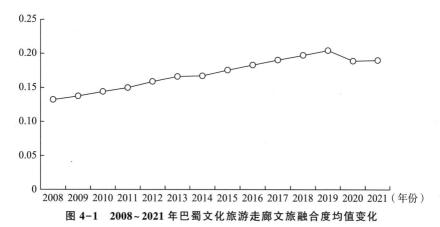

图 4-1　2008~2021 年巴蜀文化旅游走廊文旅融合度均值变化

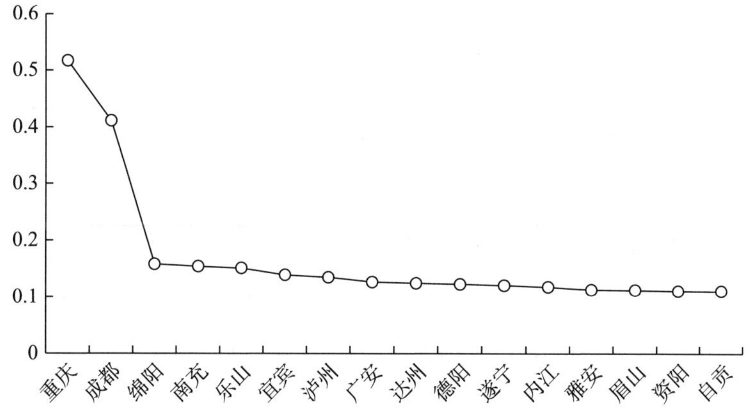

图 4-2　2008~2021 年巴蜀文化旅游走廊部分城市文旅融合度均值

从区域融合度增长率角度看，以重庆和成都为中心，呈现明显的两极化特征，各市融合发展水平与融合提升速度呈现较大的差异性。重庆、成都、遂宁三市文旅融合度年均增长率居前三位，其余城市文旅融合度年均增长幅度较小，文旅融合水平偏低，处在严重失调阶段。

可以看出，走廊内核心城市成都和重庆明显依赖自身良好的经济发展水平和丰富的文旅资源，又得益于发达的交通条件，吸引优质文化和旅游资源要素向着两大市转移，导致对周围区域存在一定程度的"虹吸"。

从融合水平年度动态变化来看，研究时间内，文旅融合水平总体呈上升态势，经济实力雄厚的成都和重庆文旅融合水平明显较高（见图4-3），两城独大形势未发生变化，各城市发展速度不一，能级差异较大。走廊内其余14个城市中，绵阳、乐山、南充三市一直位居前列，文旅融合水平相对较高。成德眉资一体化城市中，德阳、眉山、资阳文旅融合水平较低，居巴蜀文化旅游走廊城市倒数五位内，尤其是资阳文旅融合水平下降明显，2021年排名相较于2008年下降7个位次，成德眉资一体化进程任重道远，强有力的文旅协调发展策略和政策还需深化落实。

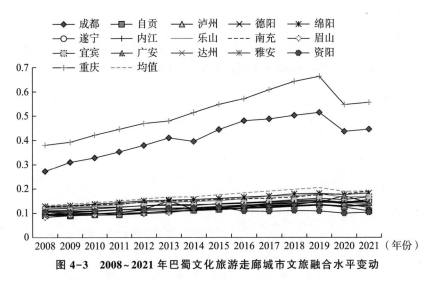

图4-3　2008~2021年巴蜀文化旅游走廊城市文旅融合水平变动

（二）文旅融合度的空间分布

1. 产业发展及其融合特征

根据旅游产业和文化产业发展指数可以看出，旅游产业发展指数中，成都和重庆的得分最高，乐山、绵阳、南充次之；而文化产业发展指数中，依然是重庆和成都得分最高，围绕这两个城市呈现两极洼地现象，文化产业和旅游产业"集聚效应"比较明显。旅游经济和文化经济发展差距的扩大可能与地理区位、产业发展基础、交通基础设施等因素密切相关，目前走廊文化产业和旅游产业融合协同发展程度明显不足。

根据文化产业和旅游产业综合指数的大小①，将巴蜀文化旅游走廊内城市归纳为两类（见表4-3）。重庆旅游产业发展整体较好，文化产业的活化利用相对不足；成都2010年前文化产业发展较好，旅游产业发展相对较差，随着成都城市品牌的推广，旅游产业逐渐成为带动成都文旅融合的主导力量。文化滞后型城市应该着重将文化活化利用作为深化文旅深度融合发展的重要抓手，提升文化产业的旅游业态开发水平。自贡、泸州、德阳、绵阳、遂宁、内江、乐山、南充、眉山、宜宾、广安、达州、雅安、资阳等城市研究期内一直处在旅游滞后阶段，旅游产业带动力不足，表明这类城市的文化资源和文化产业化基础相对较好，但是旅游产业的带动作用尚未显现，此类城市未来应该重点聚焦旅游产品的开发和旅游产业体系的构建，以本地区的深厚文化内涵为旅游产业重点发展方向，通过文化产业旅游化提升区域文旅融合水平。

表4-3　2008~2021年部分年份巴蜀文化旅游走廊文旅融合类型

类型	2008年	2013年	2019年	2021年
文化滞后型	重庆	重庆、成都	重庆、成都	——
旅游滞后型	成都、自贡、泸州、德阳、绵阳、遂宁、内江、乐山、南充、眉山、宜宾、广安、达州、雅安、资阳	自贡、泸州、德阳、绵阳、遂宁、内江、乐山、南充、眉山、宜宾、广安、达州、雅安、资阳	自贡、泸州、德阳、绵阳、遂宁、内江、乐山、南充、眉山、宜宾、广安、达州、雅安、资阳	重庆、成都、自贡、泸州、德阳、绵阳、遂宁、内江、乐山、南充、眉山、宜宾、广安、达州、雅安、资阳

---

① X_1 表示文化产业发展指数，X_2 表示旅游产业发展指数，$X_1 > X_2$ 表明旅游产业滞后于文化产业，$X_1 < X_2$ 表明文化产业滞后于旅游产业，$X_1 = X_2$ 说明两个产业发展较为同步。

2. 融合度空间分异分析

2008年，文旅融合度处在极度失调阶段的有自贡、德阳、遂宁、广安、雅安、眉山、内江7市，处在严重失调阶段的有泸州、绵阳、乐山、南充、宜宾、达州、资阳7市，成都为中度失调，重庆为轻度失调。到2012年，仅眉山一个城市处于极度失调阶段，成都和重庆分别进入轻度失调和濒临失调阶段，其余各市均进入严重失调阶段，文旅融合度明显提升。2013年，成都和重庆两市均处在濒临失调阶段，走廊内其他城市均进入严重失调阶段。2013~2021年，成都和重庆两市的文旅产业融合水平总体上升，到2019年分别进入勉强协调阶段和初级协调阶段。而与成都和重庆高水平的文旅融合速度相比，自贡、泸州等14个市的文旅产业融合水平相较于2013年，变化不大，依然处在严重失调阶段。巴蜀文化旅游走廊内的文旅融合中心化特点日益突出，这与成都和重庆两市文化产业和旅游产业的强势发展有关，其增长极效应突出，虹吸效应强于扩散效应，两大极核城市对周围城市的"涓流"效应不明显，发展不均衡现象日益突出。

三　巴蜀文化旅游走廊文旅产业融合的空间演进

为更好地探究巴蜀文化旅游走廊文旅产业融合发展情况，进一步厘清文旅产业的融合特征，本节分别从一体化演变趋势和空间相关性两个视角对巴蜀文化旅游走廊文旅产业融合的空间动态演进规律展开分析。

（一）巴蜀文化旅游走廊文旅产业一体化分析

σ收敛检验结果如图4-4所示，2008~2019年，随着时间的推移，巴蜀文化旅游走廊文旅融合度的σ值波动上升，离差逐渐增大，总体呈上升趋势，一体化趋势不显著，离散趋势明显，走廊内城市的文旅融合差距不断扩大，文旅融合趋于分化的态势明显。虽然2020年、2021年由于新冠疫情各市旅游产业受挫，离散趋势存在一定程度的暂时性回落，但文旅融合分化趋势依然显著存在。

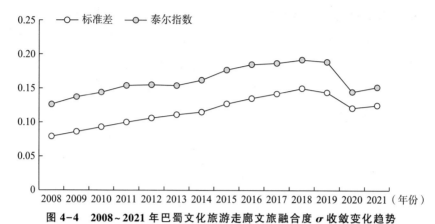

图 4-4　2008~2021 年巴蜀文化旅游走廊文旅融合度 σ 收敛变化趋势

绝对 β 收敛检验结果如表 4-4 所示，β 系数符号为正，t 统计量不显著，绝对收敛检验证伪，表明在 2008~2021 年，巴蜀文化旅游走廊内各城市文旅融合度的增长不具有绝对收敛性，而是具有不显著的发散特征。这表明巴蜀文化旅游走廊内城市文旅融合度水平的高低与文旅融合度增长率之间并不存在相关关系，即文旅融合水平低的城市，其文旅融合增长率可能较高，也可能较低。与此同时，巴蜀文化旅游走廊各城市的文旅融合水平存在一定的"马太效应"，融合度高的城市越来越高，低融合度城市对高融合度城市不存在追赶效应，因而需要有效的合作机制和政策加以引导和扶持，缩小不断增大的文旅融合度差距。

表 4-4　2008~2021 年巴蜀文化旅游走廊文旅融合绝对 β 收敛检验结果

变量	系数值	标准误	P 值	95% 置信区间
β 检验	0.014	0.008	0.102	[−0.030, −0.003]
常数项	0.002	0.002	0.218	[−0.001, 0.005]

（二）巴蜀文化旅游走廊文旅融合度的空间相关性分析

1. 全局 Moran's I 检验

由图 4-5 可知，巴蜀文化旅游走廊城市的全局莫兰指数均为负值，存在较大波动性，表示所有地区的属性值在空间上有负相关性，即融合水平越高城市越不容易聚集在一起。全局莫兰指数介于-1和0之间，部分年份呈现显著的负相关关系，表明其现阶段不具有明显的空间集聚性，差异化趋势加剧，集聚程度总体下降。虽然2008~2013年存在一定程度的集聚趋势，但是2013年后，离差增大，空间关联性呈现下降态势。

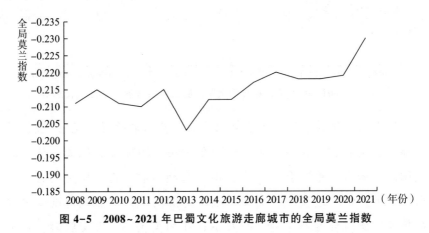

图4-5　2008~2021年巴蜀文化旅游走廊城市的全局莫兰指数

2. 局部 Moran's I 检验

从莫兰散点图（见图4-6）来看，巴蜀文化旅游走廊内暂无"高-高"城市，高文旅融合城市集群尚未形成；"高-低"关联区域仅有成都市和重庆市，虽然两大城市本身是文旅融合水平较高的城市，但是由于周围城市的文旅融合水平明显较低，尚未形成互动互促态势，城市带动作用不足，强有力的区域合作和文旅协同机制还未形成。"低-高"区域有眉山、德阳、内江、遂宁、雅安、资阳、泸州、广安、达州。这些城市虽然紧邻成都和重庆两大融合度较高的城市，但从文旅融合的效应来看，融合度高的极点城市对周围城市的带动效应不明显，虹吸效应更为突出，现阶段需要警惕文旅融合相对弱势城市的资源流向核心城市。

从发展趋势来看，2008~2021年，巴蜀文化旅游走廊内城市的文旅融合空间变动不大，成都和重庆两大文旅融合水平更高的城市关联效应更强，极化效应更强，孤岛效应更强，自身融合水平升高，"马太效应"趋势更加明显。从局部区域来看，"低–高""低–低"区域的城市一直没有变化，且由于受到邻近高融合水平的成都和重庆的影响，存在持续的"虹吸"效应，资阳、德阳等城市离散趋势更强，自贡等城市的洼地效应更加明显，这从侧面反映了巴蜀文化旅游走廊现阶段的区域协同力较弱，文旅融合离散趋势增强。

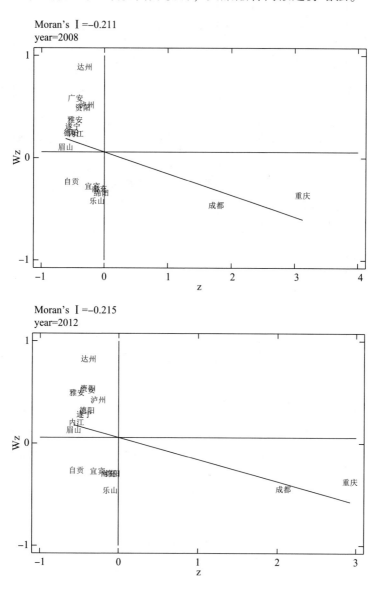

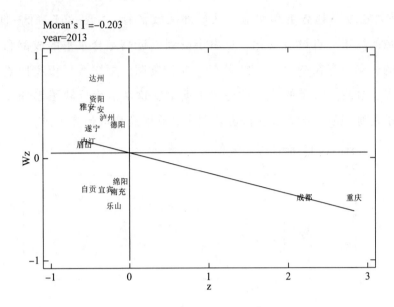

Moran's I =−0.203
year=2013

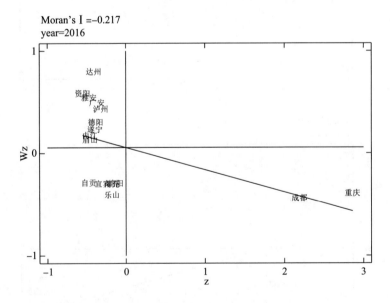

Moran's I =−0.217
year=2016

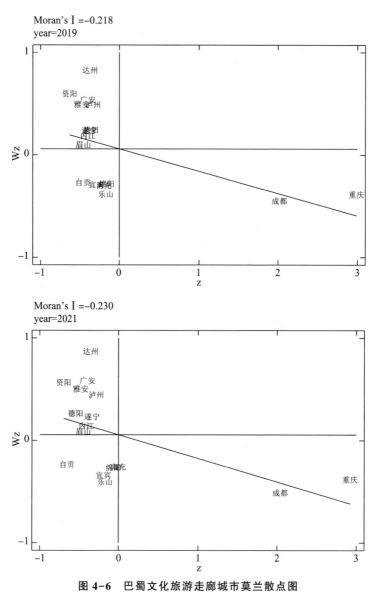

图 4-6　巴蜀文化旅游走廊城市莫兰散点图

注：横纵轴分别表示空间单元本身的观测值及其滞后因子。

四　巴蜀文化旅游走廊文旅融合的影响因素分析

文旅产业的融合不可避免会受到多种因素的影响，不仅文化产业和旅游产业本身能够影响文旅融合的态势，区域经济发展水平、市场需求、基础设施、产业环境等要素也会影响巴蜀文化旅游走廊文旅产业的融合进程，本节分别从文旅产业内部和外部环境两个方面对影响区域文旅融合的因素进行探究。

（一）文旅产业的内部影响因素

借助面板回归模型，以构成文旅融合度的 14 个指标为解释变量，其中文化产业（C）、旅游产业（T）的综合发展指数分别由 7 个指标构成，以对应的文旅融合度为被解释变量。经过数据的平稳性检验后，通过 Hausman 检验选择固定效应模型，F 检验与异方差检验显著，R^2 大于 0.9，说明模型拟合优度较好，文旅产业各影响因素与融合度之间存在相关性，固定效应模型适应性较好，结果如表 4-5 所示。考虑到数据的可比性，本节同时计算了标准化系数。

表 4-5　巴蜀文化旅游走廊文旅融合影响因素回归结果 1

影响因素	具体指标	非标准化系数	标准化系数
C1	文化以及相关产业机构数	0.000 *** （4.30）	0.487 *** （4.30）
C2	文化以及相关产业从业人数	-0.000 *** （-4.07）	-0.431 *** （-4.07）
C3	公共图书馆藏书数量	0.000 （1.57）	0.061 （1.57）
C4	城镇居民家庭全年人均教育文化娱乐支出	0.000 *** （7.30）	0.109 *** （7.30）
C5	专利授权数	0.000 ** （2.28）	0.079 * （2.28）
C6	文化从业人数占全市从业人数比例	0.264 ** （2.12）	0.061 * （2.12）
C7	互联网宽带接入用户数	0.000 *** （5.58）	0.220 *** （5.58）
T1	公路游客周转量	0.000 ** （2.11）	0.075 * （2.11）

续表

影响因素	具体指标	非标准化系数	标准化系数
T2	文化、体育和娱乐从业人数	0.000 *** (2.74)	0.083 ** (2.74)
T3	星级饭店个数	0.001 *** (3.63)	0.288 *** (3.63)
T4	入境旅游人数	0.000 *** (8.31)	0.061 *** (8.31)
T5	旅游外汇收入	−0.000 (−0.96)	−0.021 (−0.96)
T6	国内旅游人数	0.000 *** (6.77)	0.109 *** (6.77)
T7	国内旅游收入	0.000 *** (10.48)	0.341 *** (10.48)

注：*、**、*** 分别表示在 10%、5%、1% 的水平下显著，括号内为参数估计值的 t 值。

由表 4-5 可知，促进巴蜀文化旅游走廊城市文旅融合发展的文化产业和旅游产业方面的关键因素前三位分别是文化以及相关产业机构数、国内旅游收入、星级饭店个数，旅游产业占据两位，旅游产业是巴蜀文化旅游走廊城市文旅融合的主要驱动产业，旅游承载力强于文化产业。就旅游产业来说，公路游客周转量，文化、体育和娱乐从业人数，星级饭店个数，入境旅游人数，国内旅游人数以及国内旅游收入对文旅融合起到显著正向促进作用，作用系数以国内旅游收入（0.341）最大，其次为星级饭店个数，作用系数在 1% 的水平下为 0.288，这表明在影响文旅融合的旅游产业方面，国内旅游产业效益和目的地接待环境有助于文旅融合的推进，入境旅游对文旅融合的作用力有待提升。就文化产业来说，文化以及相关产业机构数、城镇居民家庭全年人均教育文化娱乐支出、专利授权数、文化从业人数占全市从业人数比例、互联网宽带接入用户数 5 个指标对巴蜀文化旅游走廊城市的文旅融合起到正向促进作用，作用系数依次为 0.487、0.109、0.079、0.061、0.220。其中，正向促进作用最强的是文化以及相关产业机构数和互联网宽带接入用户数，这表明在互联网时代，文化产业本身的发展基础和互联网普及水平能够有效促进区域文旅产业的融合，侧面说明了数字技术对文化产业的活化利用是新时期推动文化产业旅游化开发的重要手段。

（二）文旅产业的外部影响因素

通过文献分析，本章使用人均地区生产总值（X1）、居民人均可支配收入（X2）、R&D内部经费支出（X3）、第三产业年末就业人数（X4）、公路总里程数（X5）、全社会固定资产投资（X6）等数据，探究区域经济发展水平、市场需求、基础设施、产业环境等要素对文旅融合的影响。表4-6为影响文旅融合度的外部因素估计结果。考虑到数据单位不同，通过极差法对数据进行无量纲化处理。同时，为避免结果出现伪回归，本节利用LLC和IPS方法对模型变量分别进行了单位根检验，结果显示皆平稳，说明了数据的平稳性，可以进行实证研究。通过Hausman检验，本节选择个体固定效应模型进行实证分析。通过检验，F检验值与异方差检验值都显著，R^2均大于0.8，说明模型能够较好地反映影响因素与文旅融合之间的关系，固定效应模型适用性较好。

表4-6 巴蜀文化旅游走廊文旅融合影响因素回归结果2

影响因素	系数	标准误	t值	95%置信区间
X1	0.059 *	0.031	1.88	[−0.003, 0.121]
X2	0.322 ***	0.098	3.30	[0.129, 0.515]
X3	−0.013	0.024	−0.54	[−0.062, 0.035]
X4	0.158 ***	0.042	3.77	[0.076, 0.241]
X5	0.236 ***	0.051	4.59	[0.134, 0.337]
X6	0.139 ***	0.019	7.45	[0.102, 0.175]
常数项	0.009	0.025	0.34	[−0.041, 0.059]
$R^2 = 0.868$		F = 65.637 ***		

注：*** 、* 分别表示在1%、10%的水平下显著。

从总体来看，市场需求（居民人均可支配收入）、交通基础设施

（公路总里程数）对巴蜀文化旅游走廊城市文旅融合具有更强的作用效应，在1%的显著性水平下正向影响因变量，影响系数分别为0.322和0.236，说明地方市场需求越强，越有助于推进旅游产业与文化产业的开发；对于巴蜀文化旅游走廊区域部分交通不通畅的城市，完善的交通设施是文旅耦合协调的基础条件。相较于市场需求和交通基础设施，其余因素的作用相对较弱，其中，人均地区生产总值在10%的水平下显著正向影响区域的文旅融合水平，人均地区生产总值越高，文旅融合度越趋向于正向提升，经济发展水平能够影响文旅融合度，经济基础越好在一定程度上越能加强文化产业和旅游产业的融合。第三产业年末就业人数、全社会固定资产投资也能显著正向影响因变量，对文化产业和旅游产业的耦合协调度有正向引导作用。创新水平（R&D内部经费支出）对巴蜀文化旅游走廊城市文旅融合的作用效应不显著，存在一定的抑制性，这可能是由于现阶段巴蜀文化旅游走廊内绝大多数城市文化产业和旅游产业的发展还处在初级阶段，除成都和重庆外，更多是聚焦"量"的提升，创新活动对其文旅融合的作用不显著。

从个体对总体的偏离结果（见表4-7）来看，不同个体的影响因素差距较大。走廊内城市的偏离度均为正值，高度融合的城市偏离较大，如成都和重庆，其自我调节能力较强，受到经济发展程度等因素的影响较小。而低融合区域的偏离度较小，独立性较差，如达州等城市，其更多依赖于地区的经济水平、市场需求等外部因素。

表4-7　各城市影响因素对耦合协调度的偏离系数

城市	偏离系数	城市	偏离系数
重庆	0.445	成都	0.277
自贡	0.135	南充	0.150
泸州	0.144	眉山	0.134
德阳	0.147	宜宾	0.152

续表

城市	偏离系数	城市	偏离系数
绵阳	0.161	广安	0.136
遂宁	0.133	达州	0.148
内江	0.136	雅安	0.128
乐山	0.141	资阳	0.132

第五章
成都建设巴蜀文化旅游走廊极核城市的
优势条件

共建巴蜀文化旅游走廊，需充分挖掘文化旅游资源，以文促旅、以旅彰文，讲好巴蜀故事，打造国际范、中国味、巴蜀韵的世界级休闲旅游胜地。本章立足成都建设巴蜀文化旅游走廊极核城市的重大意义，从交通枢纽、战略区位、综合实力、文旅资源、公共文化服务、文旅产业、文旅品牌，以及政策和要素保障等方面，分析成都建设巴蜀文化旅游走廊极核城市的比较优势和保障条件。

一 成都建设巴蜀文化旅游走廊极核城市的重大意义

2022 年 5 月，《巴蜀文化旅游走廊建设规划》（以下简称《规划》）将成都定位为巴蜀文旅走廊双核驱动发展的重要极核城市，其任务和使命就是引领区域文旅一体化发展，打造国际范、中国味、巴蜀韵的世界级休闲旅游胜地。着眼于巴蜀文化旅游走廊建设的发展定位和任务，成都需要准确把握建设巴蜀文旅走廊极核城市的重大意义，抢抓系列战略机遇，分析优势条件和保障因素，充分发挥比较优势，推进新一轮文化旅游产业高质量发展，进一步将成都建设成高品质生活宜居地。

（一）有利于促进文化旅游产业高质量发展

文化是旅游的灵魂，旅游是文化的载体。《规划》指出，坚持以深化供给侧结构性改革为主线，以高质量供给引领和创造市场新需求为导向，推动形成优势互补的区域文化和旅游高质量发展格局。成都作为巴蜀文化旅游走廊极核城市，引领和带动区域文化和旅游统筹协同发展[①]，必然有利于强化其核心作用，进一步扩大文化旅游产品和服务供给，扩大文化旅游消费领域，提升文化旅游产业的发展能级，提高文化旅游产业对城市发展的贡献度。

（二）有利于加强国际消费中心城市建设

成渝地区拥有1亿人口的超大规模市场，具有世界级内需潜力，消费能力还有待释放。《规划》支持重庆、成都结合国际消费中心城市建设，加快建设立足西部、辐射全国、面向世界的具有国际时尚魅力和巴蜀文化特色的国际消费中心城市。文旅消费场景能激发市场活力，实现资源利益最大化。成都已通过搭建共建共治共享的文旅消费场景，形成文旅消费的新格局。在巴蜀文旅走廊建设过程中，成都继续通过文旅消费场景营造，推动绿色空间与消费商圈无缝对接、生态价值转化与消费业态创新交互融合，从而加快建设国际消费中心城市，促进文旅消费市场共同扩展，进一步拉动内需，实现文旅消费潜力共同激活，促进国内国际双循环。

（三）有利于推进国际门户枢纽城市建设

长江经济带发展、西部大开发、西部陆海新通道等重大战略的实施和"一带一路"倡议的提出，推动了成渝两地由内陆腹地转变

---

① 邢伟：《打造区域文化旅游协同发展典范》，《中外文化交流》2022年第6期。

为开放前沿[①]，引领开放格局系统性重塑和能级层次全方位跃升。成都聚焦建设国际门户枢纽城市，已形成双机场运营新格局，建成"一环十射"铁路网络，天府国际机场高速南线等 7 条高速公路建成通车，成都都市圈环线高速形成闭环，"三绕十三射"高速公路枢纽基本形成。巴蜀文化旅游走廊建设将为成渝内陆枢纽城市高质量发展提供新动力、激发新活力，通过巴蜀文化旅游走廊的建设，共建成渝地区双城经济圈国际性综合交通枢纽集群，全力畅通大通道，完善大网络，构建大枢纽，将会进一步满足两地出行需求，进一步推动成渝地区基础设施建设和高质量发展。

（四）有利于推动世界文化名城建设

《规划》明确提出要"打造世界级休闲旅游胜地""打造富有巴蜀特色的文化和旅游消费目的地"，建成具有国际影响力的文化旅游走廊。要成为巴蜀文化旅游走廊中的极核城市，必然需要强化在文化建设方面的内在动力，进一步提升世界知名度和影响力。成都建设世界文化名城，除了要拥有丰富的文化资源、较发达的文化经济、优化配置的各种文化要素等，还要在文化领域享誉全球。打造巴蜀文化旅游走廊极核城市，要求成都在文化旅游领域发挥带动辐射作用，从而推进世界文化名城建设目标的实现。

（五）有利于全面建设践行新发展理念的公园城市示范区

全面建设践行新发展理念的公园城市示范区是党中央赋予成都的独特使命[②]，也是成都奋力打造中国西部具有全球影响力和美誉度的现代化国际大都市的重要抓手，更是担当极核城市助力成渝地区双城经济圈建设的独特路径。《规划》明确提出，巴蜀文化旅

---

① 《以新型工业化为支撑 谱写中国式现代化成都篇章》，《先锋》2023 年第 5 期。
② 《成都市第十七届人民代表大会第六次会议关于政府工作报告的决议》，蓉城先锋·党员 e 家，2022 年 1 月 27 日，https://www.cddyjy.com/contents/1071/56009.html。

游走廊建设要推动区域协调、合作共建，充分发挥区域内各地区的比较优势，深化跨区域合作，积极推动机制创新，增强协同创新发展能力，打造全国文化和旅游协同发展样板。[①]成都要在巴蜀文化旅游走廊建设中，强化公园城市的示范作用，引领区域协同发展，与成渝地区双城经济圈内其他大中小城市在空间、基础设施、产业、科技创新、改革开放、生态建设等各个方面协同发展，推动成渝地区双城经济圈成为带动全国高质量发展的重要增长极和新的动力源。

二 成都建设巴蜀文化旅游走廊极核城市的比较优势

成都拥有 4500 年城市文明史，是中国的历史文化名城，也是中国十大古都之一，更是一座拥有 2100 余万人口的超大城市。在成渝地区双城经济圈建设、全面建设践行新发展理念的公园城市示范区等重大战略部署下，成都不断加快国家中心城市、成渝地区极核城市和省内"主干"建设，推动构建国内国际双循环新发展格局。近年来，成都通过发展文化旅游，推动交通枢纽、战略区位、综合实力、文旅产业、公共文化服务等方面在巴蜀文旅走廊城市与地区中形成一定优势，发挥核心引领作用。

（一）交通枢纽优势

国际航空枢纽建设领跑全国。成都发挥枢纽核心作用，引领带动成渝世界级机场群建设，打造中国民航"第四极"，成为成渝双城经济圈的极核和西南辐射南亚的重要交通枢纽。在《"十四五"现代综合交通运输体系发展规划》中成都被定位为"提升全球辐射能级枢纽城市"，国务院印发的《"十四五"旅游业发展规划》明确

---

① 邢伟：《打造区域文化旅游协同发展典范》，《中外文化交流》2022 年第 6 期。

"建设旅游枢纽城市"重要任务。2021年，成都国际货运航线数量增至15条，国际航班已覆盖全球71个城市，国际（地区）航线增至131条，航线规模稳居全国第四、中西部第一。建成投运空铁国际联运港，开通"航空+"西部陆海新通道，打造多式联运示范工程。而且为了方便周边城市市民出行，双流国际机场开始在全省设立多个城市候机楼，可以方便当地市民就地办理值机、货物托运等业务。2019年至今，德阳·成都双流国际机场城市候机楼、遂宁·成都双流国际机场城市候机楼陆续建成使用。

铁路枢纽功能不断加强。成都推进"一带一路"建设，已构建以成都为枢纽，内联成渝地区和平原城市群的高铁交通圈，外联太平洋和大西洋的新亚欧大陆桥。成渝高铁通过提质改造，成为四川首条时速350公里的高铁。以复兴号动车组正式上线为标志，成渝真正构建了"1小时直达交通圈"。成都已形成"一环十射"铁路网（见图5-1），铁路营运里程约877公里（其中高速铁路里程约415

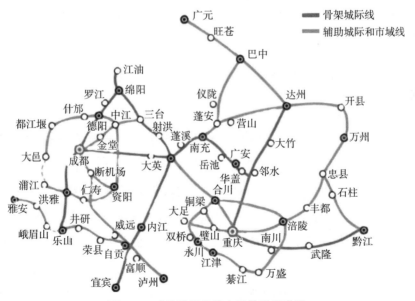

图5-1　成渝地区公路交通骨干网联图

资料来源：《四川城镇化发展报告2021》。

公里），加速形成以成都为中心的"148"高铁交通圈。成都平原城市群铁路动车公交化进程加快，以成都为中心，已形成至德阳、眉山、资阳半小时高铁交通圈，至绵阳、遂宁、乐山、雅安1小时高铁交通圈，动车公交化水平不断提高。铁路国际班列"四向拓展"网络持续优化，陆海货运配送体系进一步完善，中欧班列集结中心主枢纽功能不断增强。成都中欧班列境外城市站点增至75个，与西部陆海新通道实现"双通道"联运。

出川公路通达通畅。成都不断完善高速公路网体系，形成"人易行、货畅流"高速公路格局。成都成资渝高速、天府国际机场高速主线、成宜高速、三绕高速蒲都段和德简段、成温邛和中金等快速通道均建成通车，金简仁、成资等快速路项目加快建设。2020年底，成都地方公路总里程超过28400公里，路网密度每百平方公里约198.1公里。成都都市圈环线高速形成闭环，"三绕十三射"高速公路枢纽基本形成，公路通车里程达29520公里，路网密度在中西部排名第一。成德眉资四市交通"一卡通"已基本实现。

（二）战略区位优势

国家重大战略交汇处。成都是长江经济带的战略支点、"一带一路"的核心节点、连接"一带一路"和长江经济带的重要纽带，是国家新一轮西部大开发的枢纽和引擎。党的十八大以来，成都面临西部大开发、乡村振兴、新型城镇化等多项国家重大战略交汇叠加的发展机遇，特别是2020年成渝地区双城经济圈建设国家战略的实施，进一步强化了新时代推进西部大开发形成新格局的重要战略支撑地位。

国家重大改革任务示范地。近年来，成都从过去的内陆腹地迈向开放高地。在新发展阶段，成都已然成为中国深层次改革的重要承载地。诸多的国家重大改革任务落地成都。2016年，成都获批建设国家中心城市，设立中国（四川）自由贸易试验区；2017 年，成都获批设立国家级临空经济示范区；2018 年，获批新设成都高新西园综保区；2019 年，成都西部片区获批国家城乡融合发展试验区；2021 年，国家发展改革委批复《成都都市圈发展规划》；2022 年，成都获批建设践行新发展理念的公园城市示范区，同年，成都获批"东数西算"工程 8 个国家算力枢纽之一。目前，成都肩负着国家数字经济创新发展试验区、国家新一代人工智能创新发展试验区、国家人工智能创新应用先导区、新型城市基础设施建设试点等重大改革重任，在诸多方面承担着改革示范重任。

国家中心城市"五中心一枢纽"功能承载地。天府国际机场正式投运使成都成为全国继北京和上海后第三个拥有双国际机场的城市。[①] 中欧班列统一品牌运营以来，综合运行指标保持全国第一方阵。已建成"一环十射"铁路网络，线网规模位居全国前列。作为西部文创中心，成都入选首批国家文化和旅游消费示范城市，武侯区三国创意园成功创建第二批国家文化出口基地。成都在蓉领事馆数量居中国内地城市第 3 位、中西部第 1 位。成都不仅是国家首批创新型城市和国家知识产权示范城市，也是西部首个国家自主创新示范区和"科创中国"试点城市，并获批建设国家数字经济和新一代人工智能创新发展试验区。成都是区域经济中心，生产总值位居全国前十、西部第二。

（三）综合实力优势

经济总量提速增质。成都经济总量进一步提升，初步建成以先进制造业为引领的"5+5+1"现代化开放型产业体系，持续推进电子信息和装备制造两个"万亿"产业集群发展，极核功能进一步增强。2021 年，成都市实现地区生产总值 19917.00 亿元，比上年增长

[①] 《成都市第十七届人民代表大会第六次会议关于政府工作报告的决议》，蓉城先锋·党员 e 家，2022 年 1 月 27 日，https://www.cddyjy.com/contents/1071/56009.html。

12.4%；2022 年，实现地区生产总值 20817.50 亿元，比上年增长4.5%（见图5-2）。成都经济规模能级跨越 2 万亿元级台阶，2022年工业增加值突破 5000 亿元量级，达到 5067 亿元，占地区生产总值的 24.3%，进一步增强了对全市经济社会发展的支撑作用①，增强了全市经济社会发展的稳定性和协调性。

图 5-2　2017~2022 年成都市地区生产总值和服务业增加值
资料来源：《成都市国民经济和社会发展统计公报》。

经济新动能快速培育。成都以科技创新驱动发展为导向，围绕新一代信息技术、生物医药、新材料、绿色环保等战略性新兴产业布局。2020 年，成都电子信息产业规模达 10065.7 亿元，成为成都首个产值破万亿元的产业。2021 年底，成都累计注册新经济企业突破 58.3 万家，同比增长 27.3%；9 家企业达到"独角兽"标准，22家新经济企业成功上市及过会。实现新经济营收 2.1 万亿元，同比增长 26.8%；实现新经济增加值 5266.5 亿元，同比增长 18.5%，占地区生产总值的 26.4%。2022 年，成都数字经济核心产业增加值为2779.51 亿元，占全市地区生产总值的 13.4%，占全省数字经济核心产业增加值的比例达 64.3%。②

消费市场广阔。近年来，成都消费规模持续扩大，在全国排名

---

① 《以新型工业化为支撑 谱写中国式现代化成都篇章》，《先锋》2023 年第 5 期。
② 孙继琼：《以"三化"为抓手 促进制造业高质量发展》，《先锋》2023 年第 2 期。

前列。2021 年，成都实现社会消费品零售总额 9251.8 亿元，与 2012 年相比增长近 6000 亿元（见图 5-3），占四川省社会消费品零售总额 24133.2 亿元的 38.3%，占成都都市圈社会消费品零售总额 11366.8 亿元的 81.4%。2021 年，国内主要城市社会消费品零售总额前十城市分别是上海、北京、重庆、广州、深圳、成都、苏州、南京、武汉和杭州，成都位列第 6。2021 年，成都引进品牌首店达 801 家，位列全国第三。

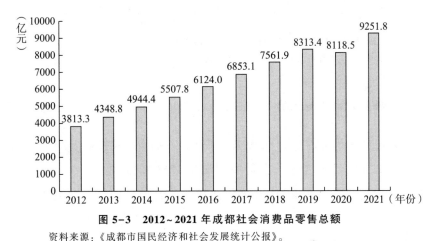

图 5-3　2012~2021 年成都社会消费品零售总额

资料来源：《成都市国民经济和社会发展统计公报》。

开放红利充分凸显。成都对外开放水平持续提升，开放型经济"量质双升"。2021 年，成都实现货物进出口总额 8222.0 亿元，较上年增长 14.9%（据图 5-4 计算），居西部地区首位。外贸结构持续优化，2021 年，成都实现一般贸易总额 1338.7 亿元，较上年增长 43.8%，一般贸易占进出口总额比例达 16.3%。跨境电商交易增长有力，2021 年，成都跨境电商交易额达 685.1 亿元，增长 57.2%。2021 年，本土 500 强企业取得突破，在蓉世界 500 强企业增至 312 家，在中西部居于前列。[①]

---

① 成都市经济发展研究院：《"一带一路"倡议十周年，"数览"成都对外开放合作硕果》，2023 年 10 月 17 日，http://www.cdeic.net/go-a1200.htm。

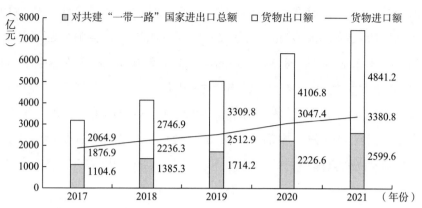

图 5-4　2017~2021 年成都货物进出口额及对共建"一带一路"国家进出口总额
资料来源：《成都市国民经济和社会发展统计公报》。

（四）文旅资源优势

文化资源积淀厚实。历史文化悠久。成都是国务院公布的首批国家历史文化名城之一，也是中国历史最悠久的都城之一，是具有4000 年大规模居住史和 2300 多年建城史，且城址始终未移的中国十大古都之一。无论是宝墩古城还是金沙遗址，先秦时期先后有五代古蜀王在成都建立都城，创造了灿烂的巴蜀文明，以成都为中心的长江上游地区成为中华文明的发源地之一。[①] 历史文化资源丰富。目前，成都拥有 2 个国家级历史文化名城、3 个省级历史文化名城、6 个中国历史文化名镇；有各级文物保护单位共计 627 处，文物保护单位数量居全国城市第三位；有国有可移动文物 25.9 万件/套。[②] 2021 年，《2020 年度中国古都城市国际影响力评估报告》显示，成都国际影响力综合排名位居第三。世界遗产项目数量多。成都是中西部拥有世界遗产项目数量最多的城市，拥有世界文化遗产和世界自然遗产 2 项、世界灌溉工程遗产 2 项。青城山—都江堰是世界自

---

① 《成都被列入"中国大古都"》，四川省人民政府网，2016 年 10 月 26 日，https://www. sc. gov. cn/10462/10464/10465/10595/2016/10/26/10401456. shtml。

② 王嘉：《成都有哪些加分项?》，《成都日报》2021 年 12 月 20 日，第 4 版。

然遗产和世界文化遗产，大熊猫栖息地是世界自然遗产。[①] 世界灌溉工程遗产分别是都江堰和通济堰。非物质文化遗产多元。成都的非遗代表性项目不仅数量庞大，而且种类齐全。现有市级及以上非遗代表性项目 229 项，其中联合国教科文组织人类非遗代表作 1 项，国家级 25 项、省级 50 项、市级 154 项。按照国务院公布的国家级非物质文化遗产目录，中国将非遗项目主要分为民间文学、传统音乐、传统舞蹈、传统戏剧、曲艺等十大类别，成都的市级及以上非遗代表性项目涉及以上全部类别，其中传统技艺类占比最大，多达 61 项。

旅游资源禀赋好。A 级景区数量较多且分布广泛，其中 4A 级、5A 级景区类别如表 5-1 所示。截至 2024 年 7 月，全市共有国家 A 级景区 98 家，其中：5A 级景区 2 家；4A 级景区 50 家；3A 级景区 33 家；2A 级景区 12 家；1A 级景区 1 家。其中青城山—都江堰和安仁古镇是 5A 级旅游景区。A 级景区基本遍布成都全域，其中郫都区拥有 A 级及以上景区最多（9 家），其次是崇州市拥有 7 家 A 级及以上景区，总体形成中心城区核心区（锦江区、金牛区、青羊区、成华区、武侯区、高新区"5+1"六城区）景区数量占比约 13.8%、"5+1"六城区外数量占比约 86.2% 的布局。文化旅游品牌众多（见表 5-2）。2022 年，成都有国家级旅游度假区 1 个，省级旅游度假区 14 个，国家全域旅游示范区 3 个，天府旅游名县 6 个，四川省全域旅游示范区 3 个，全国乡村旅游重点镇 1 个，全国乡村旅游重点村 11 个，国家级旅游休闲街区 3 个，省级文化旅游特色小镇 6 个。

表 5-1　成都 4A、5A 级景区类别和数量

单位：家

等级	自然风光	文化名胜	民俗风情古镇（村）	休闲度假
5A 级景区	1	—	1	—

① 蒲婷、赵玉洁、唐春梅：《传播学理论指导下的都江堰城市形象外宣翻译策略研究》，《湖北开放职业学院学报》2021 年第 6 期。

续表

等级	自然风光	文化名胜	民俗风情古镇（村）	休闲度假
4A 级景区	5	5	9	31

资料来源：《成都市国家 A 级旅游景区查询》，成都市文物局网站，2024 年 7 月 12 日，ht-tps∶//cdwglj.chengdu.gov.cn/cdwglj/c133240/2020－04/13/content_ced52a9605e446e0b09ce7c73d85e596.shtml。

表 5-2　2022 年成都国家级、省级文化旅游品牌

级别	品牌类别	数量（个）	城镇村或景区
国家级	国家级旅游度假区	1	都江堰市天府青城康养休闲旅游度假区
	国家全域旅游示范区	3	都江堰市、锦江区、崇州市
	国家级旅游休闲街区	3	武侯区武侯祠·锦里、锦江区春熙路、青羊区宽窄巷子
	全国乡村旅游重点镇	1	彭州市龙门山镇
	全国乡村旅游重点村	11	郫都区唐昌街道战旗村、蒲江县甘溪镇明月村、彭州市龙门山镇宝山村、都江堰市柳街镇七里社区、崇州市白头镇五星村、龙泉驿区山泉镇桃源村、彭州市桂花镇蟠龙村、都江堰市龙池镇飞虹社区、都江堰市青城山镇泰安社区、邛崃市平乐镇花楸村、崇州市道明镇竹艺村
省级	省级旅游度假区	14	大青城旅游度假区、西岭雪山—花水湾旅游度假区、温江万春国色天乡旅游度假区、蒲江大溪谷旅游度假区、新津梨花溪旅游度假区、三圣花乡·白鹭湾湿地旅游度假区、湔江河谷·宝山旅游度假区、三岔湖旅游度假区、街子旅游度假区、黄龙溪旅游度假区、平乐旅游度假区、金堂毗河湾旅游度假区、三道堰水乡旅游度假区、彭州市葛仙山旅游度假区
	天府旅游名县	6	青羊区、都江堰市、武侯区、金牛区、双流区、新津区
	四川省全域旅游示范区	3	金牛区、郫都区、大邑县
	文化旅游特色小镇	6	大邑县安仁镇、崇州市街子镇、邛崃市平乐镇、双流区黄龙溪古镇、都江堰市灌县古城、彭州市白鹿镇

资料来源：文化和旅游部、四川省文旅厅网站。

（五）公共文化服务优势

公共文化设施多元化。成都初步构建公共文化设施网络体系，加快推进构建现代公共文化服务体系。2020 年底，全市公共文化设施总面积为 978.41 万平方米。[①] 截至 2021 年，成都是全国省会城市中唯一市、县两级 22 个文化馆和 22 个图书馆均成为国家一级馆的城市。[②] 2021 年，成都市各公共图书馆全年接待读者 682 万人次（含数字图书馆 596 万人次），全市 1520 万社保卡持卡人已成为公共图书馆联盟的读者，共建立分馆 578 个，各类图书流通点 1593 个。[③] 2020 年，全市专业音乐场馆达 60 个，座位数为 4.3 万座。[④] 2021 年，成都拥有 160 家博物馆，其中非国有博物馆 110 家，位居全国第一。[⑤] 成都博物馆、建川博物馆获评国家一级博物馆，成都博物馆斩获 "第十八届全国博物馆十大陈列展览精品" 两大奖项[⑥]。成功打造天府艺术公园、金沙演艺综合体、城市生活美学馆、天府美术馆、四川大学博物馆群、张大千艺术博物馆等城市文化地标。

公共文化服务供给不断丰富。成都加强公共文化服务体系建设，着力推进公共文化产品服务向广覆盖、高效能方向发展。2021 年，全市公共文化服务站点 3333 个，全市公共图书馆藏书量 2539.38 万

[①] 《绘就 "远来近悦" 美好画卷 ——成都高质量推进公共文化服务体系建设》，搜狐网，2021 年 5 月 11 日，https://www.sohu.com/a/465864882_121106842。

[②] 《天府艺术公园、市文化馆新馆……成都这些优雅时尚的文旅新场景已上线》，网易网，2022 年 1 月 13 日，https://www.163.com/dy/article/GTJB2K6O051492T3.html。

[③] 《四川省加快公共图书馆数字化建设让图书馆更 "聪明"（解码·提升公共文化服务水平）》，中国网，2022 年 7 月 25 日，http://news.china.com.cn/2022-07/25/content_78339941.htm。

[④] 《成都市 "三城三都" 三年建设成效及 2021 年工作计划新闻发布会》，中国新闻网，2021 年 4 月 7 日，http://www.sc.chinanews.com.cn/ChengduNews/spzb/1.shtml? qq-pf-to＝pcqq.group。

[⑤] 《天府艺术公园、市文化馆新馆……成都这些优雅时尚的文旅新场景已上线》，网易网，2022 年 1 月 13 日，https://www.163.com/dy/article/GTJB2K6O051492T3.html。

[⑥] 《世界文化名城建设 成都做对了什么?》，四川新闻网，2022 年 3 月 5 日，http://scnews.newssc.org/system/20220305/001246482.html。

册，开展各类群众文化活动127001场。[①] 2021年，建设46个基层综合性文化服务中心示范点和一批城市乡村"网红"公共文化新空间。[②] 举办"光影浮空：欧洲绘画五百年"等文博展览452个、社教活动843场。[③] 截至2020年底，"成都街头艺术表演"项目开展了街头演出8000余场，举办成都街头艺人音乐节、成都街头艺人原创音乐会等十余场大型活动。[④] 举办庆祝建党100周年等主题活动，组织开展各类群众文化活动10万余场。《2020年全国公共服务质量监测情况通报》显示，在对110个城市的测评中，成都市在公共文化领域满意度得分位居全国第一[⑤]，先后荣获"国家公共文化服务体系建设示范区""全国公共文化服务标准化示范城市"称号。

公共文化服务数字化转型。成都市所有文化馆、图书馆均已开展数字化服务，部分文化活动实现了线上交流，探索构建"文旅e管家"公共文化服务管理平台，推动全市公共文化服务效能全面提升。截至2020年底，"文旅e管家"实现对市、县、乡、村四级3334个公共文化设施的大数据动态监管，每季度分析全市公共文化服务监测数据并进行全市通报。[⑥] 培育壮大"云直播""云看展""云演艺"等线上消费市场，2021年开展各类线上文旅活动3.8万

---

① 《"生活美学新场景"就在身边 成都公共文化事业蓬勃发展》，成都市文化广电旅游局官网，2022年10月19日，https://cdwglj.chengdu.gov.cn/cdwglj/c133185/2022-10/19/content_a0015d0226b04f7ba881bcc720d3f9b2.shtml。
② 《天府艺术公园、市文化馆新馆……成都这些优雅时尚的文旅新场景已上线》，网易网，2022年1月13日，https://www.163.com/dy/article/GTJB2K6O0051492T3.html。
③ 《数说成都丨用数据来告诉你，成都建设世界文化名城新成就》，"锦观新闻"百家号，2022年3月15日，https://baijiahao.baidu.com/s?id=1727370816781908709&wfr=spider&for=pc。
④ 《四川成都：全民艺术普及破题"年轻态"》，新浪网，2021年7月20日，https://k.sina.com.cn/article_7517400647_1c0126e470590162t6.html。
⑤ 王嘉：《坚持培根铸魂 持续提升城市文化软实力》，《成都日报》2022年4月23日，第3版。
⑥ 《打造国家公共文化服务体系示范区高质量发展的"成都样本"》，"中华工商网"百家号，2021年12月14日，https://baijiahao.baidu.com/s?id=1719124722458102621&wfr=spider&for=pc。

场，累计线上点击量达 5388 万余次。① 服务内容网上定制、文化活动网上预约、服务场地网上预订、服务效能网上评估已成为公共文化服务精准供给的有效途径和方式。

（六）文旅产业优势

旅游产业稳步发展。2017～2021 年，成都旅游年均总收入近 3500 亿元（见图 5-5）；2019 年旅游指标达到"十三五"期间峰值，旅游总人次达 2.8 亿，总收入突破 4000 亿元。2021 年，成都市实现旅游总收入 3085.00 亿元，接待游客 2.05 亿人次；A 级景区接待游客 1.5 亿人次，同比增长 42.33%，门票收入 15.87 亿元，同比增长 93.81%。2021 年，从全国范围来看，成都的旅游总收入居第 4 位，仅次于北京、重庆和上海。2021 年 4 月 21 日，中国（郑州）国际旅游城市市长论坛发布了《世界游客向往的中国城市榜单》，成都位列全国第 5，仅次于北上广深。

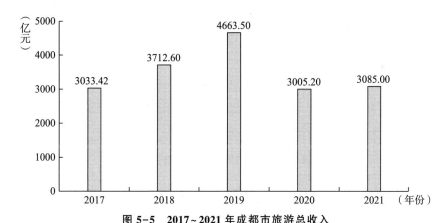

图 5-5　2017~2021 年成都市旅游总收入

资料来源：成都市 2017~2021 年国民经济和社会发展统计公报。

文创产业进入第一方阵。2021 年，成都全市文创产业增加值实现 2073.84 亿元，首次突破 2000 亿元大关，同比增长 14.83%，占全

---

① 于帆：《加强典型引路 持续激发文旅产业新生力》，《中国文化报》2022 年 6 月 28 日，第 6 版。

市地区生产总值的 10.4%。[①] "十三五"期间，文创产业增加值占 GDP 比重逐年上升，成为全市新兴支柱产业和重要经济增长点（见图 5-6）。2021 年，成都市规模以上文化企业数量为 730 家，营业收入为 2406.4 亿元，同比增长 16.7%。[②] 截至 2022 年，成都有各类数字文创相关企业 1000 多家，年产值上亿元的企业达百余家，城市新文创活力指数排名全国第一。[③] 2021 年，创意设计、信息服务、现代时尚领域标准以上（含规模以上）文创企业营业收入分别实现 1412.6 亿元、993.9 亿元、902.2 亿元，合计共占全市标准以上（含规模以上）文创企业营业收入的 44.2%。[④] 2021 年，创意设计、信息服务、现代时尚等领域标准以上（含规模以上）文创法人单位产业增加值分别实现 326.1 亿元、418.6 亿元、207.6 亿元（见图 5-7），合计

图 5-6　2016~2020 年文创产业规模及占比

资料来源：成都市文产办、成都市统计局。

① 王嘉：《成都底气何在？》，搜狐网，2022 年 3 月 6 日，https://www.sohu.com/a/527552 633_355475。

② 《四川成都：紧抓文旅消费新需求，率先谋划引导新业态》，文化和旅游部网站，2022 年 6 月 28 日，https://www.mct.gov.cn/whzx/qgwhxxlb/sc/202206/t20220628_934156.htm。

③ 卢星宇、吴雅婷：《成都城市新文创活力指数排名全国第一》，"锦观新闻"百家号，2022 年 11 月 16 日，https://baijiahao.baidu.com/s?id=1749614576056975578&wfr=spi der&for=pc。

④ 成都市文化体制改革和文化产业发展领导小组办公室、成都市社会科学院主编《成都市文化创意产业发展报告（2022）》，社会科学文献出版社，2023，第 33 页。

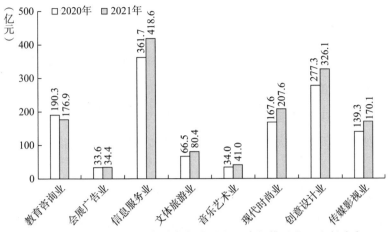

图5-7　2020年和2021年成都标准以上（含规模以上）文创法人
单位产业增加值

资料来源：成都市文产办、成都市统计局。

占全市文创产业增加值的45.9%。2021年，全市共有规模以上文创企业2598家，同比增长15.98%，实现营业收入6749.3亿元，同比增长30.3%；建设文化产业示范园区（基地）64家，其中国家级10家、省级23家、市级31家。① 2021年，新增文创街区44条、文创镇（村）20个、文创空间404个，新增文创园区面积124.17万平方米，全市文创产业园区面积达到968.2万平方米。②

文旅消费新业态不断涌现。文旅产品丰富多样，研学亲子游、文化博览游、红色文化游、乡村休闲游等文旅新产品亮点频出。2021年，成都全力打造消费场景，形成12类365个周末经济精品旅游场景（点位）和望平坊、南岸美村等"千处城市消费新场景"，评选十大类夜间经济示范点100个，其中成都春熙路大慈坊街区、成都音乐坊被评为首批国家级夜间文化和旅游消费聚集区③，在

---

① 成都市文化体制改革和文化产业发展领导小组办公室、成都市社会科学院主编《成都市文化创意产业发展报告（2022）》，社会科学文献出版社，2023，第33、37页。

② 成都市文化体制改革和文化产业发展领导小组办公室、成都市社会科学院主编《成都市文化创意产业发展报告（2022）》，社会科学文献出版社，2023，第37页。

③ 于帆：《加强典型引路 持续激发文旅产业新生力》，《中国文化报》2022年6月28日，第6版。

《中国城市夜经济影响力报告 2021—2022》中排名第四。成都不断促进文旅业态多元发展，推出 60 家"新旅游·潮成都"主题旅游目的地，80 余条乡村游、生态游、研学游等系列精品旅游线路和 10 条红色旅游精品线路，而且文博艺术、影视动漫、文娱潮玩等十类消费新业态快速发展，"云看展""云直播""云演艺"等线上消费市场不断壮大①，荣获首批"国家文化和旅游消费示范城市"称号。

文旅深度融合发展。文化旅游融合发展的体制机制、政策体系、服务体系更加健全，推动文化和体育、商贸、农业等实现功能互补、发展互促、业态共生。网络游戏、电子竞技、视频游戏、动画漫画等细分领域市场规模居全国前列，总产值达 200 亿元，占据全国近 10% 的市场份额。② 以筹办成都大运会为契机，打造全国首个体育服务贸易类展会平台和立足成都的原创特色展会 IP。举行"科幻成都·智慧大运"成都大运会倒计时 200 天国际文化活动，发布《在成都等你》《Dreaming Time》等大运会优秀音乐作品，开发工艺品、徽章、毛绒玩具等多种大运会文创产品。积极引入第四届王者荣耀·全国大赛总决赛、2021 永劫无间世界冠军赛等顶级电子竞技赛事，成功举办核聚变电子竞技嘉年华 2021 成都站暨 2021 首届中日（成都）文创电竞展、成都电竞产业高峰论坛等电竞活动，"电竞文化之都"建设加快推进。农商文旅体融合发展不断深化，成立成都天府农商文旅体融合发展联盟，探索形成了"特色街区+林盘+农业园区/景区"多元融合模式。截至 2020 年底，全市累计建成省级示范农业主题公园 17 个、省级示范休闲农庄 40 个。乡村多元价值转化成效显现，2016 年被评为全国休闲农业和乡村旅游示范市，

---

① 于帆：《加强典型引路 持续激发文旅产业新生力》，《中国文化报》2022 年 6 月 28 日，第 6 版。
② 《成都文旅产业发展势头良好》，网易网，2022 年 7 月 8 日，https://www.163.com/dy/article/HBNP7AC30514R9MQ.html。

2020 年全市休闲农业和乡村旅游总收入突破 500 亿元，较"十二五"末期扩大 1.5 倍。[①]

（七）文旅品牌优势

"三城三都"品牌初具效应。近年来，成都全力打造"三城三都"品牌，努力建设世界文化名城。2010 年，成都被联合国教科文组织授予"国际美食之都"称号，成为亚洲第一个获此殊荣的城市。川菜烹饪技艺成功入选国家级非物质文化遗产名录，成都成为中国内地第四个发布《米其林指南》的城市。成都市当选 2023 年"东亚文化之都"，是国家级文化和科技融合示范基地、"中国游戏产业第四城"和"中国手游第一城"[②]，是全国首批国家体育消费试点城市，是唯一入选美国 CNN 发布的"一生必去 50 个地方"的中国城市。《中国城市海外影响力分析报告》显示，成都国际体育赛事指数排名全国第二，在全球赛事影响力城市榜单中排名第 28 位，进入全国前三。[③]

形成诸多具有影响力的品牌产品。近年来，成都不断引进国内外头部数字文创企业，如今日头条、腾讯、爱奇艺、咪咕、完美世界、育碧等，也积极培育本土数字企业，如数字天空、尼毕鲁、迅游科技等。阅文集团发布的《2021 网络文学作家画像》显示，川渝地区的网络文学作家数量居全国前列，网文作家最多的城市中，重庆排第一，成都排第四。成都现有各类数字文创相关企业 1000 多家，可可豆动画影视出品的《哪吒之魔童降世》目前仍为中国影史动画电影票房第一名（超 50 亿元）；而腾讯游戏天美工作室开发的《王者荣耀》从诞生到 2021 年，成为第一个全球收入破百亿美元

---

① 《成都市"十四五"农业农村现代化规划》，2021 年 12 月，http://www.qhztzx.com/up-load/ueditor/file/20220420/637860679164377100466895.pdf。

② 《电竞折射的成都文化生态谋局》，"每日经济新闻"百家号，2021 年 1 月 14 日，https://baijiahao.baidu.com/s？id=1688848689977759627&wfr=spider&for=pc。

③ 杨晨、姜曦悦：《成都：文创产业增加值占 GDP 比重首破 10%》，光明网，2021 年 4 月 8 日，https://m.gmw.cn/baijia/2021-04/08/1302218349.html。

（折合人民币 644 亿元）的移动游戏。

国际性文化品牌赛事节会活动增多。近年来，成都文化地标类项目建成开放，如天府艺术公园、天府美术馆、当代艺术馆等艺术场馆，融创文旅城、天府国际会议中心、天府沸腾小镇、高新体育中心等重大地标，以及成都城市音乐厅、露天音乐公园、白鹿钻石音乐厅等音乐设施投入使用，而且东安湖体育公园和凤凰山体育公园等大运会新建改造场馆全面完工并逐步开放。成都先后承办多个中国高级别体育赛事，如大运会、世警会、世乒赛、世界运动会、羽毛球汤尤杯等 50 多项国际体育赛事和 160 多项中国高级别体育赛事，同时打造出一大批自主赛事 IP。[①] 成都高水平办好各类节会，如联合国世界旅游组织大会、成都国际旅游展等旅游节会，中日韩领导人会议、世界文化名城论坛·天府论坛、中国网络视听大会、成都创意设计周等文化节会，中国（成都）国际美食旅游节、成都熊猫亚洲美食节等美食节会，以及中国音乐金钟奖、"蓉城之秋"成都国际音乐季等音乐品牌节会。成都举办多个国际性展会，2021 年符合 ICCA 标准的国际会议有 33 个，UFI 认证展会项目有 13 个。[②]

三 成都建设巴蜀文化旅游走廊极核城市的保障条件

成都市要建设成巴蜀文化旅游走廊重要极核城市，不仅在自身综合实力、文化旅游资源、文化旅游产业、文化旅游品牌等方面要保持优势，而且在文化旅游要素配置、政策供给、协同发展等方面同样需要保障。经过多年的发展，成都市一直注重文旅发展的科技、

---

① 《入选国家体育消费试点城市 成都体育产业剑指千亿》，腾讯网，2020 年 8 月 27 日，ht-tps://new.qq.com/rain/a/20200827A0P2Z100。

② 杨晨、姜曦悦：《成都：文创产业增加值占 GDP 比重首破 10%》，光明网，2021 年 4 月 8日，https://m.gmw.cn/baijia/2021-04/08/1302218349.html。

人才、基础设施、资金等要素保障，加快文旅产业数字化和数字产业化，构建并完善文旅协同发展机制，营造良好的政策环境，促进文旅产业可持续健康发展。

（一）文旅发展政策保障充分

文化旅游产业的发展政策。2022 年以来，成都市出台《成都市促进剧本娱乐行业健康有序发展的办法（试行)》，为行业健康有序发展强化政策支撑；出台《成都市深化博物馆改革发展的实施办法》，推动博物馆全域化发展；修订印发了《成都市市级非遗名录管理办法》，积极推进市委办公厅、市政府办公厅印发《关于全面推进非物质文化遗产科学保护与高质量发展的实施意见》[①]，推进城市非遗保护和发展建设；出台《支持市场主体健康发展促进经济稳定增长的政策措施》，助力重点旅游企业稳定健康发展；出台《增强发展韧性稳住经济增长若干政策措施》，实施全市 A 级旅游景区首道门票打折优惠政策和非国有博物馆免费开放，并提出支持电影院、实体书店、经营性演出团体以及国有博物馆发展。

文化旅游消费的促进政策。2022 年，成都市人民政府办公厅出台《培育文旅消费新业态推动文旅产业创新发展实施方案》[②]，充分激发文旅消费潜力和活力，推动文旅产业创新发展。依托文旅成都 App，2021 年发放 200 万元文旅消费券，2022 年成都市首轮发放 5200 万元"烟火成都"消费券，刺激市民、游客消费热情。探索建立文旅消费监测体系，运用大数据研判文旅未来发展趋势，指导企业研发适应市场需求的文旅产品。

[①] 《成都市文化广电旅游局关于对市十八届人大一次会议 第 181115 号建议答复的函》，成都市文化广电旅游局官网，2023 年 6 月 28 日，https://cdwglj. chengdu. gov. cn/gkml/jyta/1673884996537954305. shtml。

[②] 《成都市人民政府办公厅关于印发培育文旅消费新业态推动文旅产业创新发展实施方案的通知》，四川省人民政府网，2022 年 1 月 30 日，http://cds. sczwfw. gov. cn/art/2022/1/30/art_15396_169716. html? areaCode = 510100000000。

疫情下文化旅游的帮扶政策。2020 年，成都出台《关于应对新冠肺炎疫情影响促进文化旅游业健康发展的若干措施》，2022 年印发《支持旅游行业纾困发展的政策措施》，涵盖各级各部门对文旅行业的支持政策。成立了专班点对点服务企业，对接全市重点文旅企业，及时收集汇总问题，积极协调市级相关部门予以解决。

（二）文旅发展要素保障不断加强

科技创新力持续增强。成都拥有丰富的科技企业资源和良好的创新主体，2021 年全市专利授权 88414 件，入库国家科技型中小企业数达 7016 家。2021 年，成都市净增高新技术企业 1891 家，有效高新技术企业总数达 7911 家，数量相较 2020 年增长近 30%。成都还拥有较好的创新生态，其中国家重点实验室 12 家、国家工程技术研究中心 10 家以及市级以上企业技术中心 1249 个。成都科创板上市企业也较多，截至 2022 年 8 月底有 17 家，在副省级及以上城市中列第 5 位，仅次于上海、北京、深圳、杭州。成都科技认定企业数量较为庞大，达到 1.4 万家，其中"专精特新"企业 107 家，"独角兽"企业和"准独角兽"企业分别为 7 家和 100 家。[①]

人才集聚势头强劲。人才对城市发展的支撑作用日益凸显，成都积极出台人才引进政策，搭建技术人才转化科研成果的平台，努力营造各类人才竞相集聚、健康发展、科技创新活力强劲的良好生态。2017 年 7 月，成都出台"人才新政 12 条"，率先推出"先落户后就业""人才安居工程""全民免费技术技能培训"等政策举措。2020 年 9 月，成都人才新政升级至"2.0 版"，2022 年《成都市建设吸引和集聚人才平台的若干政策措施（征求意见稿）》作为成都人才新政的"3.0 版"，将赋权用人主体、赋能创新平台。2022 年 4 月，成都的人才总量已攀升至 587.6 万人，包括新落户大学生约 59

---

① 王垚：《公园城市示范区，人才聚集新高地》，《成都日报》2022 年 4 月 14 日，第 2 版。

万人，其中各类重大人才计划专家 4153 人。[①] 截至 2021 年末，成都市专业技术人才总量达 217.04 万人，其中具有高级职称的有 16.5 万人。[②] 智联招聘和泽平宏观发布的《2022 中国城市人才吸引力排名》显示，2021 年，成都硕士及以上人才流入占比、应届生人才流入占比分别列全国第 4 位、第 2 位，对高学历人才和年轻人吸引力增强。第七次全国人口普查结果显示，成都常住人口中，有 535.62 万人拥有大专及以上文化程度，相比 2010 年第六次全国人口普查，每 10 万人中拥有大学文化程度的由 15710 人增加到 25582 人。

数字基建不断夯实。成都深入实施"互联网+城市"行动，城市感知、网络传输、存算融合等基础设施供给能力稳步提升。物联感知设施建设初具规模，加快建设全市能源、水利、交通、通信、地下管廊等各类设施感知终端，5G 智慧灯杆实现商用突破，具备物联感知服务能力的基站数达到近 7000 个。通信网络设施加速布局，围绕国际性区域通信枢纽建设，打造"一带一路"重要信息通信节点，国家级互联网骨干直联点带宽达到 770Gbps，国际直达数据专用通道带宽提升至 40Gbps，成为全国首个"5G 双千兆全面商用城市"。算力基础设施体系不断完善，成都超算中心建成运行，填补了西部超算体系布局的空白，全市 IDC 机架规模超过 5 万台。成都已基本建成"一枢纽、三平台、多个应用系统"的框架体系，初步实现交通管理智能化、指挥救援一体化、出行服务信息化；ETC 已覆盖全市 100%高速公路收费站；建成"智慧出行移动支付平台"，实现通过 NFC 手机天府通卡和天府通 App 扫码支付乘坐公交、地铁；建成成都市驾驶培训综合管理信息系统、道路客运联网售票系统等。与此同时，成都正在建设智慧交通体系，目标是覆盖全市域、全行

---

① 《公园城市示范区建设系列解读⑩｜公园城市示范区，人才聚集新高地》，"红星新闻"百家号，2022 年 4 月 14 日，https://baijiahao.baidu.com/s？id = 1730054052168939612&wfr = spider&for = pc。

② 《新增高级职称 8139 人 2021 年度成都市职称评审结果出炉》，四川新闻网，2022 年 7 月 18 日，http://scnews.newssc.org/system/20220718/001284422.html。

业、全过程，其中交通运行协调中心（TOCC）一期项目初步实现全域信息共享、交通管控和运输服务统一协调。

金融综合实力显著提升。金融是现代经济的核心，对国民经济持续、健康、稳定发展具有重要作用，成都金融综合竞争力居中西部城市前列，是西南地区金融中心，正在建设成为全国重要的金融中心。2021年，成都金融业增加值达2272亿元，排全国第6位，占地区生产总值的比例达11.4%，成为国民经济支柱产业；存贷款余额分别达4.8万亿元、4.64万亿元，分别居全国第6位、第7位。[①]金融机构加快集聚。2021年末，全市共有银行业金融机构84家、保险机构101家、证券期货机构328家（含分公司及营业部），机构数量居全国主要城市前列。[②] 金融市场加速发展。成都是全国唯一同时拥有上交所、深交所、全国股转系统三个全国性证券核心机构区域基地的城市。拥有104家A股上市公司，累计首发融资额突破630亿元，是全国第10个上市公司数量突破百家的城市；区域要素市场发展迅猛，达到11家，其中天府（四川）联合股权交易中心是全国唯一跨省区的区域性股权市场。通过与成都农商银行签订全面战略合作协议，推出免息、低息、贴息文旅贷款产品，帮助企业解决融资问题。成都银行发布了"文创通"同舟行动产品，精准帮扶文创企业融资贷款，贷款利息补贴比例提升至80%，担保费补贴按照实际发生担保费用的100%执行。"文创通"自2019年推出以来，已累计出函支持企业311户，支持金额超20亿元。[③] 据第14期"中国金融中心指数"（CFCI），成都金融中心排名已居全

---

① 刘泰山、孟浩：《增强西部金融中心辐射能力 擦亮国际消费中心城市标识》，《成都日报》2022年5月30日，第3版。

② 《成渝将共同开展绿色金融改革创新》，新浪网，2022年12月30日，https://finance.sina.com.cn/jjxw/2022-12-30/doc-imxykuvv2629967.shtml。

③ 《将真金白银政策资金优惠用到实处——"文创通"破局文创企业融资困境》，成都传媒集团官网，2022年4月20日，https://www.cmgchengdu.com/content.php?cid=38&id=1828。

国第 6 位①、中西部地区第 1 位。

（三）区域文旅协同发展机制初步形成

成渝两地文旅协同度不断提升。2020 年，成渝地区双城经济圈建设国家战略实施以后，成渝两地的合作日益紧密，建设巴蜀文化旅游走廊成为两地的共同目标。《2022 成渝地区双城经济圈区域协作度量化研究报告》呈现了成渝地区双城经济圈的整体网络构建全景及各个节点城市间的协作紧密度，在多项指标中，成都均位于"成渝地区双城经济圈协作网络"中参与协作的区（市）县之首。在基础设施网络、公共服务和改革开放等领域，成都与成渝地区双城经济圈城市协作 49 次，其中，涉及与重庆合川、铜梁和潼南等多个区县的协作活动 34 次，占比近七成。成渝两地联合成立巴蜀文化旅游推广、成渝乐旅游行业、成渝友城文旅营销等联盟，召开文旅合作联盟、文旅产业融合发展专项合作组工作会等会议。2022 年，推出川渝两地 248 个 A 级旅游景区共同提供的"川渝一家亲——景区惠民游"文旅优惠大礼包，在线点亮川渝贵"西三角"地区城市地标等与客源地城市往来互惠活动，着力打造"成渝地·巴蜀情"区域文化品牌，加强成渝两地城市群间多层次文化交流合作。2020年，自成立成渝地区公共图书馆联盟开始，启动了成渝地区公共图书馆图书通借通还服务。目前，"川渝阅读一卡通"项目推动四川省、重庆市和成都图书馆两地三馆已实现资源共享，两地居民凭身份证和社保卡可享受三馆的图书通借通还服务。巴蜀文旅品牌联动更加活跃，联合开展"成渝地·巴蜀情"文旅交流联动少儿才艺大赛、"巴音蜀韵·成渝畅响"双城交响音乐会、文化和自然遗产日非遗主题展等品牌文旅活动和"技炫巴蜀"川渝杂技魔术展演。

巴蜀文化旅游走廊文旅协同不断深化。成都日益加强与绵阳、

---

① 《成都位居全国金融中心第六》，"四川新闻网"百家号，2022 年 12 月 29 日，https://baijiahao. baidu. com/s?id=1753508084257076557&wfr=spider&for=pc。

遂宁、雅安、乐山等川内城市的合作，共同推进文旅协同发展。建立每年定期召开合作联席会议的长效机制。2022 年，成立成都平原经济区文旅合作联盟，审议通过了《成都平原经济区文化旅游合作联盟章程》。该联盟将搭建互惠互通平台，加速地方文旅品牌建设和文旅经济转化，推动地方经济发展。另外，成都与川内其他城市加强合作，推出文旅推广活动。"多彩山水·悦览绵阳"2022 绵阳文旅推介会在成都举行，绵阳各县（市、区）、仙海旅游景区依次进行专场文旅推介，以歌舞、民俗表演等形式推介宣传各地文旅资源、精美文创产品和特色旅游产品。2022"乐游嘉学"研学品牌培育及成渝乐推广活动启动仪式在峨眉山市举办，成渝乐三地达成研学旅游共享共建战略合作，成渝乐三地旅游行业协会签订了《区域研学旅游战略合作协议》，未来，三方将不断深化并拓展成渝乐研学旅游领域合作空间，进一步整合资源、打通渠道、共建市场，助力成渝乐三地研学旅游高质量发展。2022 年，雅安市以"川渝一家亲 来雅'森'呼吸"为主题，在重庆市推介了文旅资源、文旅项目、旅游产品路线和旅游优惠政策。

成都都市圈文旅融合加快推进。成都与德阳、眉山和资阳不断深化文旅一体化发展合作，共同推动都市圈文旅发展。一是搭建合作机构和平台。为深化成德眉资文旅同城化发展，成立了成都都市圈文旅联盟、成德眉资同城化文旅专家委员会及研学合作委员会。成都搭建"文化天府云"平台，与资阳实现数字文化平台互联，与德阳实现街头艺人管理互联，正在积极推动建立成德眉资四地美术馆联盟。二是构建文旅协同发展战略。三星堆遗址与金沙遗址签署联合"申遗"合作协议，启动编制"申遗"文本和遗产保护管理规划；成都旅投集团通过战略投资入股蜀人记公司，融入德阳"三星堆"文旅融合示范园区建设。三是推出文旅精品线路。推出"世界旅游名城之旅"成都十大精品旅游线路、"三九大"国宝旅游精品线路、成都都市圈精品旅游线路和"成德眉资暨成都都市圈精品旅游线路"。四是推出工作规则和实施细则。2021 年 2 月，成都市文广旅局联合德阳、眉山、资阳市文广旅局推出《成德眉资同城化文旅产业融合发展专项合作组工作规则》《成德眉资同城化文旅产业融合发展专项合作组实施细则》。五是建立文旅执法协同机制。成都牵头制定《都市圈文化市场行政处罚"三张清单"》《都市圈文化市场行政处罚自由裁量权》，进一步统一四地执法标准。建立都市圈文化市场综合执法联席会议机制，推动成都、德阳、眉山、资阳四地文化市场综合行政执法工作同城化发展。加快《都市圈文化市场综合行政执法师资培养计划》的实施，深入开展执法业务培训、岗位练兵、技能竞赛等活动，进一步探索实施以案施训、驻点跟班、要案查办等工作程序，优化成都都市圈文化和旅游市场营商环境，扎实提高文化和旅游市场监管能力。

第六章
成都建设巴蜀文化旅游走廊极核城市
面临的主要挑战

作为国家中心城市、成渝极核城市，成都文旅资源丰富，历史悠久，旅游资源禀赋较好，旅游能级位居全国前列，文旅品牌塑造和传播在全国已有较大影响力。然而，成都对标国内领先极核城市差距明显，综合能级不强，对标文旅领先城市差距依然存在，文旅产业规模和水平还有待提升，就成都建设巴蜀文化旅游走廊极核城市而言，现阶段仍存在诸多问题亟待解决。

一 文旅产业竞争力有待提升

文旅产业作为重要的经济增长点和文化传承的载体，其竞争力直接关系到地区的发展潜力和文化软实力。本节从文旅产业综合效益、文旅企业、消费水平三个方面，分析成都文旅产业竞争力提升面临的挑战。

（一）文旅产业综合效益不高

一是产业质量尚有较大提升空间。2021 年，成都市实现旅游总收入 3085 亿元，接待游客 2.05 亿人次，整体形势亮眼，然而产业综合效益与国内旅游名城相比优势不足，国内游客人均消费支出、旅游外汇收入等效益指标，与国内文旅名城相比差距明显（见表 6-1）。相较于北京、上海、杭州、深圳等国内强市，成都旅游产业综合排名居第四位①，仅次于北京、重庆、上海。其中旅客总人数（第6）、旅游总收入（第4）、旅游业收入比重（第21）、交通便利程度（第8）、旅游基础设施（第8），与排名第一的北京的旅游总收入（第1）、交通便利程度（第1）、旅游基础设施（第1）还有较大差距，在旅游基础设施、旅客总人数方面还需要下足功夫（见表 6-2）。二是高能级项目较少。在国内市场、世界范围有影响力的牵引型重大文旅项目少，市场吸引力不强，具有沉浸感、体验性的文旅融合项目不多，游客人均消费少、停留时间短、重游率低。此外，成渝同建巴蜀文化旅游走廊极核城市，虽然成都在经济发展、配套密度、人才吸引力、高铁建设等方面的条件更加优越，但在地区生产总值、人口总量方面成都远低于重庆，A 级景区、5A 级景区、全国乡村旅游重点村的数量也分别仅为重庆的 1/3、1/5、1/4，文旅优质产品供给有待扩大。

表 6-1　2021 年直辖市、部分副省级城市旅游运行指标

指标	北京	上海	天津	重庆	杭州	南京	广州	深圳	成都
旅游总收入（亿元）	2914.02	5357	1352.44	—	3335.4	1822.64	2679.07	1383.79	3085
旅游 GDP 占比（%）	8.1	14.0	9.6	—	20.7	12.3	10.7	5.0	17.0
国内旅游收入（亿元）	2880.9	4789.3	1331.42	—	3331.3	1796.08	2578.30	1318.72	3002

① 《2020 年中国旅游业最发达城市排行榜：北京、重庆、上海连续四年领衔前三》，"界面新闻"百家号，2020 年 9 月 30 日，https://baijiahao.baidu.com/s? id = 16792186314805 11080&wfr = spider&for = pc。

续表

指标	北京	上海	天津	重庆	杭州	南京	广州	深圳	成都
国内旅游人数（万人次）	18352.4	36141	14124	—	17559	9688	3972.86	4878.75	20395
国内游客人均消费支出（元）	1569.8	1325.2	943	—	1897.2	1853.9	6489.8	2703.0	1471.9
涉外旅游人数（万人次）	34.1	897.23	17.13	14.63	14	16.46	209.73	120.06	23.3
旅游外汇收入（亿美元）	4.8	83.76	3.34	1.08	0.59	3.85	14.59	9.43	0.44

注：国内游客人均消费支出是根据相关数据计算得出，其中，上海市为2019年数据。

资料来源：各城市统计年鉴。

表6-2　中国旅游城市排行榜前5名

排名	城市	旅客总人数		旅游总收入		旅游业收入比重		交通便利程度		旅游基础设施	
		分值	排名	分值	排名	分值	排名	分值	排名	分值	排名
1	北京	0.47	3	1.00	1	0.05	34	1.00	1	1.00	1
2	重庆	1.00	1	0.91	2	0.08	25	0.75	2	0.75	2
3	上海	0.54	2	0.85	3	0.03	43	0.54	3	0.45	3
4	成都	0.40	6	0.72	4	0.09	21	0.49	8	0.26	8
5	广州	0.35	8	0.68	5	0.06	33	0.73	9	0.25	9

资料来源：2020中国大陆旅游业最发达城市榜。

（二）文旅龙头企业不多

一是产业龙头有待培育。成都文化旅游产业虽已取得显著进步，但与沿海城市相比，具有市场牵引力、引领力的龙头较少。第十三届文化企业30强名单中，入选的四川新华出版发行集团依旧为传统出版发行企业，相较于北京的9家（其中6家蝉联或10次以上入选），文化龙头企业还有待培育。较2019年同期，2020年投资机构对文旅行业的投资总额减少约四成，对文旅企业的投资数量减少约八成。同时，盈利模式不清晰、定位不明确、运营模式难以确定、收益不能得到保障等问题，也令不少龙头企业陷入融资难度加大的困境。二是优势旅游企业数量不多。根据中国文化和旅游企业品牌价值 TOP50 榜单，"北上广浙"入榜企业数量占比超 70%，成都仅 1 家；从城市分布来看，深圳有 5500 余家国内旅游相关企业，位居榜首，成都有 2800 余家国内旅游相关企业，排名前三（见图 6-1），但数字文创、传媒影视、沉浸式演艺、旅游娱乐、旅游设备制造及服务等企业规模偏小，集群效应不突出。以文创产业为例，成都虽然集聚了众多文创企业，但相较于北京、上海、杭州等地，产业集约化水平低，产业链缺失环节较多。2020 年，成都 2000 余家网络视听等标上企业营收为 2285 亿元，而北京字节跳动一家企业就实现营收 2366 亿元，深圳腾讯营收更是达到 4821 亿元，成都文创品牌整体影响力较弱。[①]

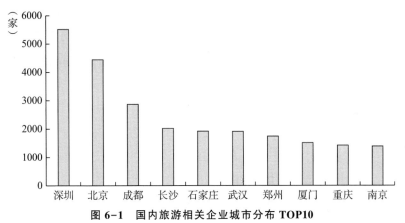

图 6-1　国内旅游相关企业城市分布 TOP10

注：数据仅统计企业名城、品牌产品、经营范围含国内旅游的企业，统计时间为 2022 年 4 月 28 日。

资料来源：企查查。

（三）消费水平相对不优

一是消费水平有待提升。与全国直辖市和副省级城市相比，成

---

① 数据来源于 2020 年成都市统计局内部数据。

都城镇居民文化消费水平相对偏低。2021年，成都人均消费支出为20460元，较上年增长10.6%，但是居民可支配收入居15个副省级城市和四大直辖市第14位，居民消费支出居第13位，居民消费支出占上海居民消费支出的一半以上（见图6-2），消费支出增长率为9.9%，居第14位，比南京（19.1%）、武汉（17.9%）低9个百分点左右。文化消费绝对值、增长速度和消费占比均处于中下游水平，与成都地区生产总值全国领先的地位不相协调。二是消费潜力有待释放。第七次全国人口普查数据显示，成都常住人口突破2000万人，迈入全国超大城市行列，但从消费实力来看，实际消费缺口较大，创造供给和引领需求的能力不足，居民文化消费潜力有待释放。2016~2021年，文化消费成为成都城市消费升级的重要标志，城镇居民文化消费在消费支出中的占比虽然保持在两位数，但总体呈下降态势，文化消费还有巨大潜力和提升空间。2021年，依赖于国内具有竞争力的地区生产总值，上海与北京依然是国内消费的主力军，成都排在第6位，相较于重庆（第3）、广州（第4）、深圳（第5），成都的未来消费能力还需要继续提升（见图6-3）。

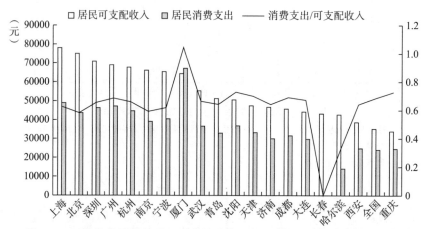

图6-2　2021年全国直辖市、副省级城市居民可支配收入和消费支出比较
注：武汉、长春为城镇居民可支配收入数据。
资料来源：各市统计年鉴、统计公报。

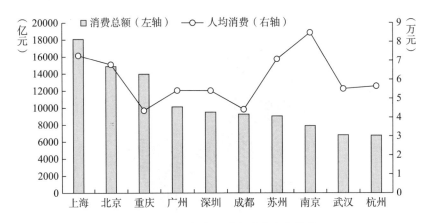

图 6-3　2021 年中国城市消费实力榜单

注：以 2020 年常住人口测算人均消费，其中武汉为城镇居民可支配收入数据。

资料来源：各市统计局网站。

二　文旅区域带动力有待增强

本节从文旅极化效应、资源分布、发展阶段、辐射带动能力等方面，分析成都在巴蜀文化旅游走廊带动力上面临的挑战。

（一）文旅极化效应突出

文旅发展首位度高，"一城独大"特征明显。成都在旅游总收入和接待国内游客数两大指标上，均超过其他 14 市（见图 6-4）。近三年，巴蜀文化旅游走廊城市（重庆除外）国内旅游总收入尚不足成都国内旅游总收入的 2 倍，文化旅游一体化发展的规模、能级、水平尚不匹配。2020 年，成都市旅游总收入占巴蜀文化旅游走廊城市（重庆除外）总收入的 32%，接待游客人次占总人次的 24%，与其他城市相比优势巨大。旅游招商投资能力、文化消费水平参差不齐，区域发展仍然是以成都为中心向外辐射带动的单边或多边合作，区域经济社会空间格局呈"单极化"发展特征，虹吸效应明显。

国内游客人次占比（重庆除外）

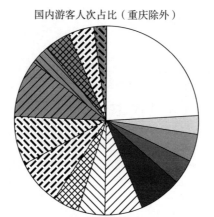

□成都 □自贡 ■泸州 ■德阳 ■绵阳 ■遂宁 □眉山 ⊠内江
☑宜宾 ■乐山 ■南充 ■广安 ⊠达州 ■雅安 ■资阳

国内旅游收入占比（重庆除外）

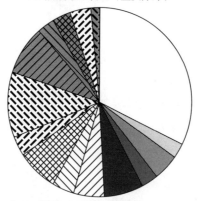

□成都 □自贡 ■泸州 ■德阳 ■绵阳 ■遂宁 □眉山 ⊠宜宾
☑内江 ■乐山 ■南充 ■广安 ⊠达州 ■雅安 ■资阳

图6-4　2020年巴蜀文化旅游走廊城市（除重庆）相关数据对比

资料来源：《四川统计年鉴2021》。

（二）资源分布较为分散

巴蜀文化旅游走廊城市资源分布离散程度较高。以A级景区为例，成都、重庆的旅游资源集中度显著高于其他城市，旅游资源富集，资源价值和资源品位较高。从数据上来看，极核城市成都拥有2A级及以上旅游景区93个，重庆拥有2A级及以上景区269个，而处在巴蜀文化旅游走廊非极核的南充、乐山、绵阳、遂宁、泸州等城市的旅游资源则较为匮乏，如眉山拥有 2A 级及以上旅游景区 32 个，德阳拥有 2A 级及以上旅游景区 24 个，资阳只有 16 个 2A 级及以上旅游景区（见图 6-5），且各文化旅游资源的距离较远，制约了区域内文化旅游一体化的开发和利用。但就巴蜀文化旅游走廊城市的文化和旅游产业现状看，其缺点是整体经济和文化生产力布局相对零散，旅游资源整合度不高，文旅产业链区域互动不强。文旅消费市场拓展不足，资源划区为牢，精品景区景观虽多，但缺乏一根"金线"穿珠，缺乏一个主体来整合与用活众多特色文化资源，巴蜀文化旅游走廊极核城市功能亟待提升。

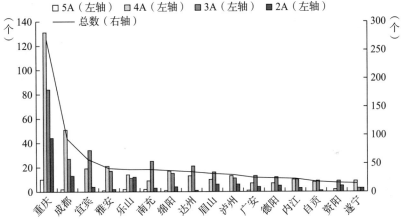

图 6-5　巴蜀文化旅游走廊城市 2A 级及以上旅游景区分布

资料来源：四川省文化和旅游厅网站。

（三）文旅发展阶段差异明显

文旅发展阶段差异明显，合作诉求差异较大。将文旅资源与现代旅游产业相结合的创新能力偏弱，主要停留在较为传统的观光游，产品类型较为单一，竞争优势不突出，特别是成都都市圈、成渝地区双城经济圈的文旅资源缺乏系统整合，文旅品牌分布较为分散。成都都市圈和重庆都市圈是典型的高集中度圈层结构，成都、重庆在旅游经济规模、旅游基础设施等方面已达到一定水平，未来的发展除了量的积累，更重在质的提升。扩大国际旅游市场，提升旅游外汇收入，是成都和重庆建设巴蜀文化旅游走廊极核城市，实现文化产业和旅游产业未来发展的重要目标。而走廊内其余各市无论是在旅游市场，还是在旅游基础设施投入和建设能力等方面，与成都、重庆相比还有较大差距。德阳、眉山、资阳等十几个市 2020 年旅游收入总和还不足成都和重庆两市的总和（见图 6-6）。扩大国内市场，提升旅游总规模仍是巴蜀文化旅游走廊城市（除极核城市外）当前一段时间的发展重点。

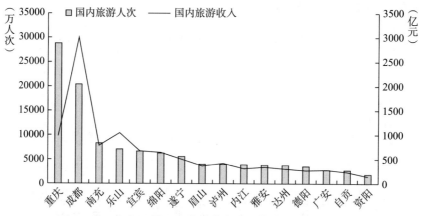

图 6-6　2020 年巴蜀文化旅游走廊城市旅游收入与旅游人次

注：重庆旅游收入为旅游产业增加值。

资料来源：《四川统计年鉴 2021》。

（四）辐射带动能力相对有限

一方面，成都辐射带动能力有限，与上海、北京等成熟期都市圈中心城市相比，在经济规模、人均收入、产业发展等方面存在较大差距。根据《成都都市圈发展报告（2021）》，对比上海、南京、广州、深圳、长株潭、西安及成都等都市圈中心城市的对外联系系数发现，在平均企业互投资金方面成都都市圈为 2.2，远低于广州都市圈的 11.5，居 7 个都市圈最末位；在人口流动方面成都都市圈为

32.6，排名倒数第3，远低于西安都市圈的55.3；在铁路班次方面成都都市圈为0.09，排名第4，与排名第一的深圳都市圈0.24差距明显。另一方面，城市间联系不充分，周边中小城市发育较差，难以与中心城市形成协同发展效应。成都都市圈平均城市间人口流动数量仅3.0万人次/天，居7个都市圈最末位，远低于广州都市圈的12.4万人次/天；成都都市圈平均城市间企业资金互投额为11.8亿元，居7个都市圈最末位，远低于上海都市圈的152.5亿元。根据第七次全国人口普查数据，城镇人口规模除成都与重庆两大极核城市外，其他城市均不足600万人，城镇体系内中等规模城市缺乏，县城数量多、规模小，都市圈内城镇体系断层明显，未能形成经济发展的合力。

三　科技赋能创新力有待激发

数字化浪潮背景下，科技创新为文旅产业发展注入活力。本节从科技成果的产业转化能力、文旅产业的数字化转型两个方面，分析成都在科技赋能文化旅游创新力上面临的挑战。

（一）科技成果产业转化能力不足

成都创新发展引领的力度不够，创新活动和创新经济有待优化。2021年，成都研发投入强度为3.1%，相比深圳的5.5%、上海的4.1%还有较大差距。根据《国家创新型城市创新能力评价报告2021》，成都综合创新能力指数为68.21，排名仅居第11位，与创新能力指数为85.17、排名第1位的深圳相比，综合创新能力短板明显，成都在创新治理力、成果转化力、技术创新力、创新驱动力方面都还需要提升（见图6-7）。根据《国际科技创新中心指数2021》，成都在综合排名上居第42位，在科技人力资源方面排名第41位。从总量来看，成都活跃科研人员数量和发表科研论文总量均在10万人（篇）以上，居于评估城市前列。但从相对数量来看，成都科研人才缺口较大，数量和质量都有待提高，高端人才不足，原创性、引导性知识创造存在短板。

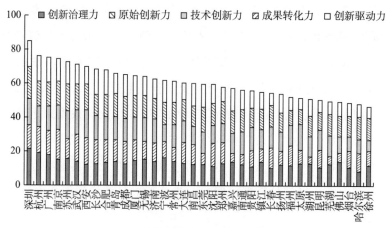

图 6-7　创新型城市创新能力评价排名

资料来源：《国家创新型城市创新能力评价报告 2021》。

（二）文旅数字化转型还有待优化

随着移动互联、智能互联时代的到来，人机交互、大数据、物联网等新兴技术的革新，成都数字文创产业展现出强大的生命力。然而，现阶段成都文旅产业数字技术赋能不足。一是传统业态数字化水平不高。数字博物馆、景区直播、景区短视频、虚拟景区等数字文旅发展还处于起步阶段，精品民宿、精致露营、旅游度假村和主题酒店、低碳酒店、智慧酒店等产品竞争力不强，旅游住宿、旅游娱乐、旅游综合服务等重点领域转型升级面临较大挑战，"互联网+文旅"新业态、数字场景构建能力有待提升。二是数字文旅新业态规模小、实力弱。电子竞技、短视频、元宇宙、NFT、沉浸式剧本、直播等发展势头强劲，但新业态企业规模相对较小，具有"根植性"的头部企业少，前沿赛道亟待培育壮大。以电竞市场为例，截至 2020 年 5 月，价值榜 TOP50 的电子竞技俱乐部中，50% 位于上海。其中，IG、RNG、EDG、FPX 等位居价值榜 TOP10 的电子竞技俱乐部均位于上海。① 三是智慧文旅建设水平还有待提升。一体化大数据中心体系、数据通道尚未完全构建和打通,管理层面透明化、集成化的数据共享机制尚未形成,多方数据割裂和"数据孤岛"依然存在,资源配置的效率亟待优化,共建共享的管理机制尚未成熟;旅游大数据的挖掘运算、预测分析不足,覆盖政府主管部门、景区景点、文旅企业和消费者多个层级的智慧旅游体系尚未形成;景区景点对智慧旅游建设投入的主动性不高,保障游客安全的风险预警功能不强,智慧旅游应用场景和虚拟旅游等科技体验项目不多,与"智慧蓉城"建设标准还有较大差距。后疫情时代,如何提振旅游意愿与消费信心、加快文旅数字化转型,是成都创建巴蜀文化旅游走廊极核城市面临的重要挑战。

四　文旅市场活力有待恢复

本节从文旅市场主体、行业人才两个方面,分析成都城市文旅市场活力提振面临的挑战。

(一)文旅市场主体面临较大困难

经济下行、疫情对消费的影响是持续性的、渐进性的,疫情反复使文旅行业受到严重冲击。影院关闭、演出停摆、旅游订单取消、节事活动叫停对文旅企业的生产、经营产生巨大影响,严格的防控措施也对大众的文化消费产生阶段性抑制。特别是依赖人员聚集的线下文化旅游业、电影业、节庆会展业、演艺业、体育休闲业等,所受影响尤为严重,空间集聚型、人员密集型的文旅项目更是首当其冲。国家统计局统计数据显示,虽然 2022 年第一季度全国文化企业营收同比增长 5%,但文化娱乐休闲服务营收仅

---

① 《伽马数据发布上海电竞产业报告:预计 2020 赛事收入占全国一半 人才需求巨大》,搜狐网,2020 年 7 月 29 日,https://www.sohu.com/a/410365966_120099891。

218亿元，比上年同期下降6.4%。①从供给端来看，短期内，各地受疫情影响不断调整防控措施，许多文旅企业为配合疫情防控相继关闭，致使大量文旅资源闲置，文旅企业现金回收压力增大，这既增加了资金安全风险，也加剧了企业自身的生存发展危机。成都虽已引入融创文旅、华侨城等龙头企业，但具有产业链控制能力和产业生态主导能力的文旅"链主"企业和上市文旅企业的数量少，产业链价值链控制能力不强。中小文旅企业抗风险能力较弱，酒店、旅行社、影剧院、博物馆、实体书店、经营性演出团体等传统服务商受到疫情冲击较大，旅游住宿、旅游娱乐、旅游综合服务等重点领域转型升级面临较大挑战。

（二）行业人才流失加剧

疫情加速人才流失成为制约行业恢复的重要瓶颈，旅行社等传统服务商受疫情冲击较大，产品创新能力和数字化服务能力有待提升。"人才真空"可能让服务链断链，部分旅行社、住宿类小微企业歇业，从业人员流失率较高，人才流失成为疫情给旅游业造成的最大损失之一，将成为文旅产业后疫情时期最大的后遗症。根据文化和旅游部发布的《2021年度全国旅行社统计调查报告》中的数据，到2021年底，仅仅是对旅行社行业的统计数据，尚未包括酒店、航空、景区、邮轮等行业的人才流失，其从业人员较2019年减少13.7万人，流失近14万人（见表6-3）。同时，企查查数据显示，2020年，全国有2万多家旅行社被注销，国内仅有三成左右的旅行社复工复业，还有大量的旅行社处于歇业状态，导游、计调人员、产品研发人员、市场销售人员等旅游人才严重流失，特别是旅行社等传统行业举步维艰。后疫情时代，应对文旅就业岗位缩减、从业人员流失问题，帮助旅游市场主体渡过难关、稳定旅游人才队伍迫在眉睫。

---

① 《人民艺起评：疫情困境下，文旅产业需"渡劫重生"》，人民网，2022年5月23日，http://opinion.people.com.cn/n1/2022/0523/c437948-32427486.html。

表 6-3　2019 年和 2021 年中国旅行社及相关人员数量变化

单位：个，人

年份	旅行社数量	从业人员人数	大专以上学历人数	签订劳动合同导游数
2019	38943	415941	282214	121710
2021	42432	278772	192628	94332
变化	↑3489	↓137169	↓89586	↓27378

资料来源：《2019 年度全国旅行社统计调查报告》《2021 年度全国旅行社统计调查报告》。

五　公共服务支撑力有待夯实

随着城市快速发展，公共服务体系的重要性日益凸显。本节从公共文化设施总量和布局、旅游公共服务供给等方面，分析成都公共服务支撑力提升面临的挑战。

（一）公共文化设施仍然不足

从总量上看，成都全市公共文化设施供给严重滞后于超大城市人口发展对公共文化服务的需求。目前，成都市图书馆、文化馆馆舍规模均未进入全国副省级城市排名前 10 位，全市乡镇街道综合文化服务中心平均面积仅为上海市的 16%。根据第七次全国人口普查结果，成都常住人口达到 2093 万人，人口总量仅次于重庆、上海、北京，在全国排名第 4。与快速扩张的人口规模相比，成都公共文化服务设施总量增长缓慢，人均拥有公共文化服务资源严重不足，每万人公共图书馆建筑面积、人均拥有公共图书馆藏书量、人均体育场地面积等指标均低于全国平均水平，与北京、上海、天津等超大城市差距明显（见表 6-4）。此外，相比世界文化名城，成都对艺术表演、图书借阅（见图 6-8）、城市马拉松等公众参与式活动的制度性支持尚需加强，在增强城市居民文化消费能力、提升文化消费水平方面也尚需努力。

表6-4　2020年全国超大城市公共文化服务主要指标对比

指标	全国	成都	北京	上海	深圳	重庆	广州	天津
公共图书馆（个）	3212	22	23	23	710	43	14	27
公共博物馆（座）	5452	33	80	107	55	105	62	71
每百万人公共图书馆数量（个）	2.27	1.05	1.05	0.92	40.4	1.34	0.75	1.95
每万人公共图书馆建筑面积（平方米）	126.5	69.3	136.6	183.2	—	119.4	—	313.8
人均拥有公共图书馆藏书量（册）	0.84	0.59	1.43	3.25	2.8	0.62	2.07	1.57
人均体育场地面积*（平方米）	2.2	2.17	2.57	2.35	1.72	1.84	2.54	2.39

资料来源：《中国统计年鉴2021》、各城市2021年统计年鉴，带＊号的数据来源于互联网公开信息。

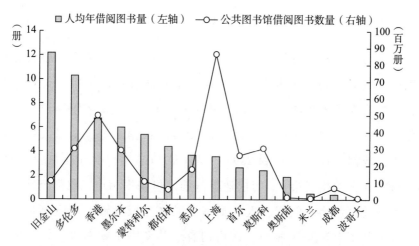

图6-8　部分世界文化名城公共图书馆借阅图书数量与人均年借阅图书量
比较（2016～2018年）

资料来源：http://www.worldcitiescultureforum.com。

（二）公共文化服务设施布局不均

根据第七次全国人口普查数据，成都市常住人口在100万人以上的城区有 8 个，分别为新都区、双流区、郫都区、成华区、龙泉驿区、金牛区、高新区、武侯区。其中，新都区、双流区、成都高新区、郫都区、龙泉驿区 5 个城区人口增量最大，常住人口占到全市的 34.12%。但从公共文化服务站点数量来看，以上 8 个城区大多不足全市均值（据图 6-9 计算），其公共文化服务供给与人口分布不相匹配。例如，高新区常住人口达到 125.7 万人，人口增速远高于全市平均水平，但文化服务站点数量在全市排名最后，人均体育场地面积仅为 1.29 平方米，低于全市平均水平。此外，天府新区、东部新区目前尚无区级文化馆、图书馆，标志性公共文化设施建设进度较慢，与城市新区的高速发展不相协调。

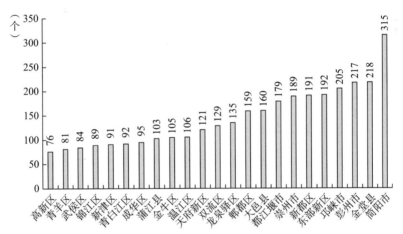

图 6-9　成都各区（市）县公共文化服务站点数量对比

资料来源：成都市文化广电旅游局。

（三）旅游公共服务有效供给不足

一是信息服务一体化水平不高。旅游信息服务水平较低，已建设运营的成都旅游网、四川旅游政务网等官方网站，以及企业网站、博客、攻略等资源信息各自运营，信息共享力度低下，网络信息的有效转化率较低。二是"智慧化"建设滞后。虽然成都已建设布局大数据平台，但是综合化、一体化的旅游信息服务平台还需要更

"智慧化"的更新建设，文旅新基建尚待优化。三是新产品不足。传统旅游企业对旅游科技融合等新思维、新理念存在认识不足、意愿不强、贯彻不够、实施不力等问题，导致其转型乏力、数字化进程缓慢、产品创新不够。部分旅游企业虽有意识地进行转型升级和业态创新，但由于缺乏技术获取途径和资金支持，转型较为缓慢，利用新基建、新技术对旅游资源进行数字化采集、基因库构建、云计算存储、精准化传播、产业化转化的力度不足。四是有效监管力度有待提升。有效联动政府、旅游企业、游客等各方的监管机制尚未建立，成都公共管理标准规范体系也需优化。

第七章
国内外文旅极核城市建设的经验借鉴与启示

　　为整合跨空间、跨区域的文化旅游资源，通过以点串线成带的形式，促进相邻相近区域文化旅游资源的互补融合、互促发展，实现自然、人文与生活的有机融合，从而满足新时代游客出行的多元化需求。近几年，从国内到国外，文化旅游带、文化旅游走廊、都市圈文化旅游一体化发展等新概念新提法层出不穷，如国内的长江国际黄金旅游带、黄河文化旅游带、大运河生态旅游带、杭黄世界级自然生态和文化旅游走廊、粤港澳大湾区等；而国外则以都市圈为主体，如伦敦都市圈、东京都市圈、纽约都市圈等，都以中心节点城市为核心推动旅游带、都市圈的文化旅游融合发展。本章将选取有代表性的极核城市，总结国内外主要文化旅游发展带极核城市建设，以及都市圈文旅融合发展的实践经验，以期对成都建设巴蜀文化旅游走廊极核城市有所启示与借鉴。

一　国内文旅极核城市的建设经验

　　本节选取国内较成熟的旅游带、都市圈或经济区的代表性极核城市作为研究对象，通过梳理各城市的文旅发展脉络及发展方向，可以发现，各城市一方面充分挖掘本地资源，提升本地文旅发展水平；另一方面积极推动所处文化旅游带、都市圈或经济带文化旅游融合发展。它们各有亮点，各有特色，值得成都市学习与借鉴。

（一）黄河文化旅游带极核城市——西安、郑州

1. 西安市文化旅游建设亮点

黄河是最具世界意义和历史意义的旅游景观之一。陕西西安是黄河文化旅游带中的重要节点城市，拥有丰富的历史文化资源，具有发展文化旅游的天然优势，也是全国文化旅游发展的典型城市，值得众多城市学习借鉴。

一是挖掘丝路文化旅游价值，提升旅游深度。为贯彻落实习近平总书记在陕西视察时做出的扎实加强文化建设的重要指示，2017 年，陕西提出"建设丝路文化高地""实施文化产业倍增计划"，战略定位为：将西安建设为中华民族共有精神家园重要标识地、国际参与"一带一路"文艺创作的内容生产高地、丝绸之路文化产业带引领区。为此，西安出台了《西安市建设"丝路文化高地"行动计划（2018—2021）》，提出六大战略布局，主要包括建设国家级文化生态保护区、历史文化名镇名村、"书香之城"、"博物馆之城"，实施"长安·中国节"传统节日礼仪振兴计划、"汉服唐装"传统服饰振兴计划等；开展丝绸之路国际旅游博览会，推进"名家绘名城"西安创作工程，实施西安文艺创作"双百"工程等，深挖和创作西安优秀 IP 故事；启动"六脉托长安"文化产业大走廊建设工程，推动西安文化装备制造业迈向全球价值链中高端，打造"文化+金融"融合发展的西安"千亿级"文化产业；实施西安城市更新工程和提升西安居民"美学素养"等系列历史文化标识工程，全面提升西安城市园林景观。

在具体发展措施方面，西安通过发展文化旅游新业态、创新营

销推广方式、完善旅游配套服务等举措，提升西安丝路文化旅游知名度，增强西安旅游的吸引力。例如，西安城墙推出中国唐文化节活动，通过向游客展示唐文化礼仪、邀请游客参与投壶等古代游戏，创新旅游产品，推动唐文化的传播；大明宫国家遗址公园推出穿华服免费畅游大明宫活动，推动了唐代服饰文化的普及。创建"一带一路"国际金融网络信息服务平台，积极开展文化旅游领域的金融国际合作与互联互通。树立"西安年·最中国"城市品牌，利用微博、抖音、快手等新媒体多渠道营销，打造各类旅游打卡地，提高西安丝路文化旅游知名度。

二是将"曲江模式"作为全国模板。从发端于1993年的"曲江旅游度假区"，到现在的"曲江新区"，曲江通过遗址公园化和景区化，不仅实现了遗址保护开发和城市建设的完美融合，也实现了城市公共文化空间的全新建构。曲江新区以"文化+旅游+城市"为特征的"曲江模式"，是一种走出市场经济相对落后地区的文化开发模式，其成功之处在于两个方面。一方面，从政策和政府投资等方面落实规划。曲江新区成立伊始，就实施了重大项目带动战略，大雁塔北广场、大唐芙蓉园、曲江池遗址公园等重大项目的建成，标志着曲江新区发展格局全面形成。[①] 另一方面，"曲江模式"的市场化取向很好地解决了中国在城市化进程中存在的城市运营融资、基础设施建设、重大项目开发方面发展缓慢等问题。一批城市运营商作为市场主体，以文物为核心，对文物周边的土地进行统一购买、统一规划，利用文物的高知名度吸引大量的游客，继而利用游客的集聚，拉动文物景点周边的物业发展，吸引人力、物力、财力在文物点缓冲区周边汇聚，实现土地增值，从而赢利，为游客带来最大化效益，即形成内部化旅游效应。

三是繁荣"夜间经济"，推动文旅市场消费升级。为促进夜间市

---

① 张宏程：《西安曲江模式及其对全面建成小康社会的意义》，《沿海企业与科技》2012年第12期。

场繁荣，更好地满足人民群众品质化、多元化、便利化消费需求，2020年，陕西省商务厅出台了《关于加快发展夜间经济促进消费增长的实施意见》，提出利用3~5年时间，依托重点商街、景区和企业，在全省建设一批业态复合、区域特色鲜明、具有辐射带动功能的夜间经济示范城市、示范集聚区及示范项目。"最中国·看西安""西安年·最中国"品牌活动、韩城古城夜间演出、中国韩城国际灯光艺术节等一批城市文化夜经济旅游体验项目相继产生。2020年6~8月，西安市推出"长安夜·我的夜"——千年古都·常来长安夜游嘉年华系列活动，包括28项夜间消费业态以及西安十大夜游板块，各区也围绕夜食、夜秀、夜游、夜购、夜娱、夜宿推出各具特色的活动，形成了多元夜间消费市场与独具特色的夜间旅游文化品牌，为市民和游客创造了夜游新体验，同时不断发掘夜游新场景，推动文旅市场消费升级。

2. 郑州市文化旅游建设亮点

沿黄河文化带，是河南文化资源集聚的密集区域，而郑州正处于这个区域的腹地。近年来，郑州市紧紧抓住《黄河流域生态保护和高质量发展规划纲要》出台的战略机遇，深入推进实施文旅文创融合战略行动，聚焦黄河文化保护传承弘扬，深入挖掘黄河文化蕴含的时代价值，讲好"黄河故事"，延续历史文脉，打造中国历史文化全景式集中展示地、知名旅游目的地，提升郑州"华夏文明之源、黄河文化之魂"黄河历史文化主地标城市的全球吸引力、辐射力和感召力[1]，助推黄河流域生态保护和高质量发展。

一是以规划引领与机构保障推动黄河历史文化主地标城市建设。郑州市提出弘扬"一二三四"的工作思路。一个总体定位：打造黄河历史文化主地标城市。两大发展布局：对内，推进"两带一心""一园三核"文旅发展布局；对外，联动开封、洛阳，打造"郑汴

---

① 成燕：《讲好"黄河故事"全力打造国际文化旅游中心》，《郑州日报》2021年10月20日，第2版。

洛"黄河黄金文化旅游带,带动全流域发展。三个具体目标:全球华人寻根拜祖圣地、黄河流域国际旅游门户、世界黄河文化旅游目的地。四大文化IP:"山·河·祖·国"。山,是指"中岳嵩山,天地之中";河,是指"母亲黄河,民族之魂";祖,是指"人文始祖,轩辕黄帝";国,是指"河洛古国,文明之源"。在工作思路基础上,坚持规划先行,形成"2+1+N"规划体系,即《黄河流域(郑州段)文化旅游发展专项规划》《黄河流域(郑州段)非遗保护传承弘扬规划》两大专项规划,《郑州市"十四五"文化广电和旅游发展规划》,以及《郑州市公共文化设施规划》《郑州市文化创意产业规划》《郑州市非物质文化遗产保护三年行动计划》等,为文旅高质量发展提供规划保障。在组织保障方面,成立了郑州黄河文化博物旅游专项指挥部,设立文旅融合发展、文化演艺展示、遗产保护利用等专项小组,完善工作机制,加快项目推进,着力打造沿黄河文化旅游带和黄河文化遗产走廊,全力建设黄河国家文化公园的核心区、先导区、示范区。

二是加大黄河文化资源挖掘和保护力度。加快黄河文化带、环嵩山文化带、中心城区文化板块"两带一心"建设,让黄河文化、嵩山文化、古都文化、红色文化在郑州充分展现。推进黄河文化带建设,突出"黄河文化+生态建设",推进黄河国家文化公园建设,将双槐树遗址、青台遗址、汉霸二王城、西山遗址、荥阳故城、大运河通济渠郑州段、花园口抗日遗址、大河村国家考古文化遗址等沿黄历史文化遗产串联起来,高水平打造具有鲜明黄河特色的世界级自然生态带、文化遗产带、观光旅游带。大力推进环嵩山文化带建设,以"天地之中"历史建筑群为重点,打通嵩山文化中的历史故事脉络,讲好世界文化遗产故事,统筹新密伏羲山、巩义浮戏山、荥阳环翠峪等打造环嵩山文化旅游大景区。推进中心城区文化板块建设,以商代王城遗址保护开发为突破口,统筹二七商圈、二砂工业遗存等资源,提升郑州"华夏文明之源、黄河文化之魂"的全球认同感和感召力，同时彰显中原文化魅力，打造具有鲜明历史文化元素符号的现代化城市。[①]

三是逐步探索文化旅游新业态新模式。郑州市按照"产业主导、现代服务业为主体"的原则，规划建设郑州中央文化区、郑州国际文创园、港区现代绿色智慧公共文化服务区、黄帝千古情等32个核心板块。文化赋能、旅游带动，推进黄河国家博物馆、大运河国家文化公园等重大文旅工程建设，依托郑汴洛轨道快线、大河文化绿道等交通设施，串联精品文旅线路，建设具有世界影响力与国际传播力的文化旅游带。文旅融合新业态新模式推进通航与文旅融合发展，打造沿黄航空旅游生活圈。[②] 完善文化产业规划和政策，加强文旅市场体系建设，积极创建国家文化和旅游消费示范城市。继续将1200场文艺惠民演出、30场精品剧目纳入市政府"民生实事"。打造城市经济发展支撑点、城市建设新亮点。

四是加强文化旅游品牌推介。举办2021年首届中国（郑州）黄河文化月，开展国际旅游城市市长论坛、全国智慧旅游大会、中国民宿大会、中国（郑州）黄河文化月·黄河流域舞台艺术精品演出季、黄河合唱节等主题活动，举办永远跟党走、再唱山歌给党听等中国共产党成立100周年系列活动，通过举办高规格的旅游主题国际性会议，围绕"三座城、三百里、三千年"黄河文化旅游带、环嵩山文化旅游带，推广"黄河之滨、天地之中、华夏之根、文明之源"品牌，打造休闲观光度假特色城市和黄河历史文化主地标城市。加大郑州城市旅游形象在央视等国家级媒体平台的宣传推广力度，强力推出"去郑州，看华夏古国""山·河·祖·国"系列文旅IP；加大与携程、今日头条等知名互联网旅游企业和自媒体平台的合作

---

① 《中共郑州市委关于制定郑州市国民经济和社会发展第十四个五年规划和二〇三五年远景目标的建议》，《郑州日报》2021年1月11日，第1版。
② 成燕：《郑州着力构建"两带一心"文旅发展格局》，《郑州日报》2021年3月10日，第2版。

力度，开展系列线上宣传营销活动。"三座城、三百里、三千年"系列文化旅游活动以保护传承弘扬黄河文化为目标，以"地方创生"为主题，以郑州为中心，联动开封、洛阳两地，推出沿黄文化旅游精品线路，通过"盲盒"和"直播"、市长亲自推荐旅游路线等颇具新意的方式，在咪咕视频、知乎、百度直播、微博、抖音、快手等平台同时发声，讲好"三座城、三百里、三千年"文化故事，全力打造世界级文化旅游带和旅游目的地。另外，还围绕"黄河、黄帝、古都、嵩山、运河、河洛"等核心资源要素，结合乡村振兴主题，大力发展精品民宿、文化研学、生态观光、非遗展示、田园体验等全域旅游新业态和新产品，推出一批具有国际影响力的黄河文化旅游产品。

（二）长三角地区重要文旅极核城市——上海

上海是中国的经济重镇，也是国内旅游产业最为完善、最受国内外游客欢迎的旅游目的地之一。作为长三角地区重要极核城市，上海在长三角具有较强的旅游集散功能和服务中心功能，对长三角区域旅游一体化格局的形成具有重要推动作用。近年来，上海围绕树立民族文化自信和推广城市核心精神的目标，着力打造以现代都市文化旅游为核心理念的新型旅游生态。

一是以城市更新为契机丰富城市文化内涵。与世界许多大城市一样，上海市在城市发展中也经历了人口剧烈增长、城市飞速发展等过程，面临城市老化、公共服务能力有限、人民生活不便等问题，因此，上海市进行了以大规模旧城改造为代表的城市更新实践。

同时，上海市推出包括魅力风貌计划、休闲网络计划、共享社区计划、创新园区计划在内的四大行动计划，从多角度关注上海城市有机创新和更新，助力上海建设"卓越的全球城市"。魅力风貌计划的具体内容为：对具有地方传统特色的里弄街区、公共建筑、产业遗存、风貌道路及其他城市记忆进行抢救性保护。建立分组分类保护机制，协调风貌保护与发展建设的关系。[①] 保护非物质文化遗产，丰富城市文化内涵，建设更富魅力的人文之城。这意味着推动城市经济多样化、提升文化旅游品质和解决居民就业的城市文化政策慢慢成形，政府正在将更多的资源运用到城市文化建设中，文化政策主导下的城市更新成为新一轮城市更新的主要模式，上海的现代都市文化旅游产业就在这样的城市更新和政策扶持的环境中苗壮成长。

二是以政策为主导推动"上海文化"品牌建设。都市文化旅游的健康发展离不开政策制定部门的统筹规划与有力保障。2018 年，上海市发布《关于全力打响上海"四大品牌"率先推动高质量发展的若干意见》，其中提到要充分利用上海丰富的红色文化、海派文化、江南文化资源，打响"上海文化"品牌。该意见指出，要全面做好文化资源利用、人文精神彰显、文化产业发展、文化服务供给等工作，精心塑造一批海派特色突出、城市特质彰显、内涵价值丰富、感知识别度高的国际国内知名文化品牌。用好用足文化资源，充分利用上海丰富的红色文化、海派文化、江南文化资源，红色文化要完善传承、创新、传播、开发体系，发掘保护建党历史资源，建设思想理论创新和传播高地，打造红色文化旅游品牌；海派文化要强化交流、融合、创新，以"上海名人""海派地标""历史事件"为载体传承上海城市文脉，以"五年百部精品创作"为抓手打造海派文艺高峰，办好重大国际性文化节庆活动；江南文化要加强特色历史风貌和文化遗产保护，赋予优秀传统文化新的时代内涵和表现形式，增强城市的文化气息与文化吸引力。[②] "上海文化"品牌的提出，就是要利用上海丰富的人文历史资源，通过符合市场规律、特点明快新颖、受众接受度高的都市文化旅游项目，用城市文化精神的丰富内涵，推进都市文化旅游向纵深发展。

---

① 孙一元：《上海：城市更新·焕新城市》，《上海国资》2021 年第 9 期。
② 钱蓓：《率先推动高质量发展 做长战略优势"长板"——解读〈关于全力打响上海"四大品牌"率先推动高质量发展的若干意见〉》，《上海文汇报》2018 年 4 月 26 日，第 1 版。

三是以年轻时尚作为现代都市文化旅游的关键元素。2019 年，上海交通大学发布的《国际文化大都市评价报告》指出，上海的公共文化参与度指标排在全球文化大都市首位。该报告认为，上海市民对观赏艺术表演、参观博物馆和画廊、观影和观看城市马拉松等文化活动的热情高涨。这种评价不是偶然的，这与上海作为中国时尚之都的地位是分不开的。在这座以对标纽约、伦敦、巴黎等国际文化大都市为目标的城市中，各种亚文化类型不断生长，而这又是年轻人主导话语权的领域。可以说，上海都市文化旅游的多元良性发展，与城市中的年轻和时尚元素存在紧密联系。以红色文化旅游为例，近年来，由于互联网的普及和社群媒体的流行，地处流行地标新天地的一大会址成为年轻人的"打卡"地点。年轻人通过城市户外定向越野、签到点赞、完成支线任务、参观心得云分享、手工制作个人专属党章等形式，沉浸式地参观一大会址的陈列展品，感受其背后的历史意义，有些青年团体还会组织类似 TED 演讲的现场演讲秀，交流学习经验。这些新颖的活动方式在年轻人中的认可度和参与度都较高。

上海也向国际都市借鉴开拓都市文化旅游的经验，善用历史，把握时尚。上海都市文化旅游以时尚的城市气质为依托，通过新颖的形式、超前的理念，整合各种旅游概念，不仅与市民的日常生活相融合，而且能够对境内外游客形成强大持久的吸引力。正是在这样的平台上，文学、艺术、建筑、商业、环保等各种社会资源被整合成一个个极具魅力的都市文化旅游产品。例如，外滩建筑史、左翼作家联盟的故事、上海金融演义等，都是引人入胜的上海文化旅游主题。这种层次不断累积、内涵不断丰富的现代都市文化旅游，也更能顺应民众需求，符合城市气质的成长方向。

（三）南京都市圈文旅极核城市——南京

2021 年 2 月，《南京都市圈发展规划》获得国家发展改革委复函同意，南京都市圈由此成为中国最早启动、首个获得国家层面批复的跨省域都市圈。南京都市圈横跨江苏、安徽两省，"承东启西、承南接北"，自成立以来，都市圈的协同发展已度过接触、协作、联合的初步成长期，逐渐进入从要素流动向资源融合、从经济协同向社会融合、从松散协作向制度融合的深度转变期。[①] 南京市作为南京都市圈的核心城市，一方面围绕建设国内一流、世界知名的文化休闲旅游胜地总目标，加快推进文化和旅游融合发展；另一方面不断加强与周边城市的旅游合作，充分发挥极核城市的带动作用。

一是加强文化遗产保护利用。作为六朝古都，南京历史文化遗产丰富多样。为了深入保护与挖掘历史文化遗产，南京对历史文化遗产进行了分类保护。首先，加大古文化遗址保护力度，完成明孝陵等古遗址保护规划编制、瞻园等古建筑保护规划编制，实施南京城墙、颐和路、百子亭等历史文化街区和历史文化风貌保护区保护利用工程。南京鼓楼等 7 处入选为全国重点文物保护单位，完成金陵大学旧址等近现代建筑修缮工作，南京长江大桥公路桥维修项目获得国家文物保护最高奖"全国优秀古迹遗址保护项目"。其次，南京市出台《南京市非物质文化遗产保护条例》《关于进一步加强非物质文化遗产保护工作的实施意见》等文件，从加强非遗保护、传承、利用、传播、保障等方面提升南京非物质文化遗产系统性保护水平。截至 2022 年，南京市共认定市级以上非遗代表性项目 195 项，市级以上非遗代表性传承人 305 名。其中，秦淮灯会荣列文化和旅游部"2019 非遗与旅游融合十大优秀案例"榜首。再次，出台《南京市地下文物保护条例》，在全国率先建立起"先考古、后出让"制度。最后，加强南京市旧城地址名称文化遗产保护，公布了南京市第一批地名文化遗产保护名录共计 100 个，传承和发展优秀传统地名文化。

---

① 潘立新、刘晓莉、庞兆玲等：《南京都市圈合肥都市圈旅游一体化发展》，《旅游纵览（下半月）》2016 年第 12 期。

二是深入推进文化与旅游融合发展。2021 年，南京市文化和旅游局正式挂牌成立，为文化旅游融合发展提供了组织保障。在市场主体方面，成立了南京旅游集团，负责推进文旅资源经营权整合和市场化运营。以项目为抓手，建成华侨城文化旅游综合体（欢乐谷）、幕燕滨江风光带、汤山矿坑公园（温泉小镇客厅）、金牛湖野生动物王国等一批地标性文化旅游项目。培育出一批文化和旅游新业态，江苏首个电竞文创产业集聚区落户江宁开发区，指导推出《南京喜事》《明月印中华门》《金陵幻夜·意境愚园》等一批实景演出项目。推出南京文化遗产之旅、文博科教之旅、古都美食之旅、历史鉴证之旅、养心文化之旅和休闲度假之旅六大文旅融合品牌路线，打造出一批"遇见夜金陵"品牌产品、文旅商品示范企业和示范项目。将季节旅游活动与南京重大文化活动相整合，整体塑造南京"文化旅游美食节"品牌。

三是大力推广南京都市圈文旅消费项目。为推动南京都市圈优质文旅资源共享，南京市积极作为，加强与周边城市的战略合作。2022 年 6 月，南京都市圈建设办公室、南京市文旅局主办了"共游极美都市圈 共促文旅新消费"2022 南京都市圈文旅消费推广季。此次推广季以"1+1+200"形式呈现，即 1 场促文旅消费线上发布活动，1 场融媒体直播接力活动，分批推出南京都市圈内"8+2"成员城市 100 处优惠景点、100 家优惠酒店。通过一批具有代表性的南京都市圈文旅融合产品，进一步激发南京都市圈文旅消费潜力。都市圈各成员城市分批次发布优惠景区、酒店名单，推出文化旅游、交通住宿、餐饮购物等优惠联票，并在美团、畅游都市圈·圈圈卡旅行应用平台上线南京都市圈文旅消费推广季，普惠全国游客。各城市还积极创新，推出文化与旅游相结合的新玩法、新模式，如"都市圈跟着名著去旅游""都市圈跟着考古去旅游""都市圈跟着非遗去旅游""都市圈红色专线""都市圈奇妙夜""都市圈不打烊"，突出各地文化特色、地域风貌，彰显消费活力、城市魅力。

另外，南京市积极整合都市圈众多文化旅游资源，2011 年，推出都市圈 4 条精品旅游路线，分别是：南京栖霞山和镇江金山、茅山、宝华山的"宗教之旅"；南京、镇江、扬州和马鞍山的"扬子江之旅"；南京、滁州和淮安的"明文化之旅"；南京、芜湖和淮安等地的"生态之旅"。南京市玄武区与淮安市淮安区还签署了文旅合作框架协议，引导两地景区、景点、酒店等旅游单位互利合作，共同制定旅游营销战略，共同拓展游客资源。充分发挥了极核城市的主导和引领作用，为都市圈旅游战略合作打下了坚实的基础。

四是积极筹办大运河文化旅游博览会。为推动区域文化和旅游融合发展，2019 年，江苏省发起召开大运河文化旅游博览会，到 2022 年已举办四届。第四届大运河文化旅游博览会在苏州举行，展览分为"游、赏、炫、购、享"五大主题板块，在设计上融合江苏"园林"建筑特色与"水韵"元素，营造"非遗大观园"的空间氛围。南京市积极组织全市文化旅游部门和企业参与博览会。在"赏非遗"板块，南京剪纸国家级非遗代表性传承人张方林开展了生动的剪纸体验课。在"购非遗"板块，南京金陵金箔集团带来的金箔古韵发簪、国潮手机壳、金福虎杯等一批融入金箔元素的非遗文创产品吸引了嘉宾和游客驻足观赏；南京金梭云锦织造研究所展示展销的红木团扇、云锦茶席等祥云系列产品是云锦设计师用巧思和巧手创作的精品，让人们看到越来越融入现代生活的非遗。在"游非遗"板块，金陵水乡钱家渡景区、夫子庙—秦淮风光带景区示范项目以视频、图文、非遗作品展览展示等动静结合的方式，向嘉宾和游客展示南京"非遗+旅游"的创新举措。在"炫非遗"板块，江苏福佑艺术设计有限公司带来"非遗+科技"融合项目，通过 AR 技术，让观展者虚拟体验陶瓷制作的过程。南京云锦木机妆花手工织造技艺、南京剪纸、南京金箔锻制技艺 3 项非遗项目，金陵水乡钱家渡景区、夫子庙—秦淮风光带景区 2 项无限定空间进景区示范项目和 1 家非遗创意基地企业亮相运河非遗展主会场。

（四）京津冀地区文旅极核城市——北京

北京作为国家首都，作为京津冀协同发展的龙头和核心，其文化旅游的创新发展对于京津冀地区具有重要的带动作用，旅游服务与供给也具有向津冀的溢出和辐射效应。虽然从发展现状来看，北京旅游的辐射范围有限，辐射区域主要集中在天津、秦皇岛、张家口、承德，但京津冀地区为推动区域旅游一体化发展所做的创新尝试值得借鉴。

一是制定京津冀旅游一体化协同发展规划。为将京津冀地区建设成为国际一流的首都圈旅游目的地、旅游协同发展创新区和典范区、文化传承保护示范地和文化创意导向地，三地共同制定了《京津冀旅游一体化协同发展规划》，这对三地协同发展具有极为重要的指导意义。该规划提出，旅游建设重点领域为京西北体育旅游示范区、京东休闲旅游示范区、京南文化创意与商务旅游示范区、京西南生态旅游示范区四大协同示范区，以及大运河文化旅游先行示范带、长城文化旅游先行示范带、皇家文化旅游先行示范带、红色文化旅游先行示范带四大先行示范带。具体工作任务如下。①深入推进旅游资源整合，深入推进长城、大运河资源整合；不断强化文化遗产与遗迹资源整合；大力培育名镇名村资源整合；重点加强冰雪旅游资源整合。②提升旅游产品共同研制水平，实现红色文化、皇家文化、影视创意文化、长城文化等重点文化旅游产品的协同发展。③优化旅游交通服务体系和设施服务体系。④打造区域旅游品牌。以"文化圣地，畅游京津冀"为核心品牌，深度推进"皇家园林、长城遗产、红色经典、奥运旅游、美丽乡村"五大品牌建设。⑤加快旅游标准化进程，成立京津冀旅游协同标准化工作领导小组，共同编制《京津冀旅游标准化文件汇编》。⑥不断释放企业活力，取消旅游企业异地发展的限制性政策，鼓励旅游企业在京津冀大区域内发展，给予跨区域发展的旅游企业用地支持、税收优惠、资金补贴等一系列优惠扶持。

二是打造各类京津冀旅游协同发展平台。首先，建立工作联席交流平台。自 2011 年起，京津冀三地每年召开一次文化和旅游协同发展会议，通过这一会议确定当年京津冀地区文化和旅游协同发展的工作重点与保障措施，持续提高京津冀旅游协同发展水平。其次，搭建旅游交流合作平台。京津冀三地的旅游部门联合策划编制了《京津冀旅游项目手册》，整合三地的旅游资源和特色文化产品，强化旅游开发及项目合作，建立产品互推、客源互送机制，推动三地协同发展、冬奥会带动发展、京津中心城市辐射发展。最后，启动旅游投融资服务平台。2014 年，京津冀地区开始运行旅游投融资服务平台，以平台为媒介，聚集国内外有实力有意愿的投资者，由其投资参与京津冀旅游建设，这一举措极大地提升了京津冀地区各类旅游设施质量，契合了当地居民与外地游客的高品质旅游需求。①

三是引导建立京津冀文旅活动品牌联合推广机制。近年来，北京市发挥政策先行先试的示范带动作用，在搭建服务平台、举办品牌活动、引导产业布局、开展对口帮扶、促进项目对接、深化战略合作等领域，加快推进京津冀文旅产业协同发展步伐。例如，2018 年成立京津冀协同发展北京（迁安）服务中心，2019 年成立中新天津生态城北京窗口，与河北承德双滦区政府等部门签订了战略合作协议，积极筹建京津冀文化产业协同发展河北中心和天津中心等，这些项目的落地搭起了三地的桥梁和纽带。一批国家文创实验区形成的改革创新经验在京津冀三地复制推广，国家文创实验区成为引领三地文化创新发展的"领头羊"。下一步，将根据区域协同发展的需要，继续扩大"朋友圈"，延伸"友谊链"，不断增强京津冀协同发展的聚合力，为推动三地文化产业高质量发展提供重要平台支撑。

另外，国家文化产业创新实验区管委会联合中国文化产业协会

---

① 贾楠：《河北旅游加速进入大资本时代》，《河北日报》2017 年 5 月 8 日，第 7 版。

创立了服务三地文旅产业创新发展的"魅力京津冀"品牌活动。2017 年以来，围绕"京津冀文旅精品项目推介协同共享""聚焦冬奥冰雪文化产业峰会"等不同的主题，已策划组织了 9 场"魅力京津冀"活动，覆盖京津冀文旅企业 2000 余家，指导相关单位举办了120 余场文化产业相关会议及文化交流活动，涉及项目对接、人才培训、高峰论坛、调研考察、项目路演、展览展示、文创赛事、推介会、政策解读会、招商说明会等各类活动，帮助京津冀三地对接"政、产、学、研、资"各方面资源，搭建资源共享的交流平台，深化"大手拉小手"，增强区域发展的"协同力"。

（五）大运河文化旅游带极核城市——杭州

历史文化名城杭州，自然人文资源丰富，是蜚声中外的著名旅游目的地。以杭州为核心形成的文旅"杭州样本"，在杭州都市圈的发展中逐渐成为都市圈全域旅游样本，在融入长三角一体化发展时代，呈现社会基础扎实、旅游引领显著等特征，在全域旅游方面具有明显的作用。

一是以"还湖于民"政策带动全域旅游。从 2002 年起，杭州市委、市政府拆除环西湖各个独立小公园的围栏，将公园全天免费向市民开放，"还湖于民"。截至 2019 年，在西湖周边的 71 个旅游景点中，73%实现了免票参观；在西湖景区约 130 个景点中，免费开放的占 85%以上。[①] 而自 2002 年实施免票政策以来，杭州市旅游人次增加 2.1 倍，旅游收入增加 3.7 倍。[②] 这说明免票政策的刺激性明显，实施效果极为显著。杭州的这一经验也传到属于杭州都市圈的其他城市，显现了"杭州样本"的带动效应。杭州这种通过免除门票而"拆除隔离"的做法，在两个层面使旅游推广本身呈现"全域

---

① 卓超、杨钊主编《杭州都市圈发展报告（2020）》，社会科学文献出版社，2020，第 192 页。
② 林玮：《城市群全域旅游的"泛文本实践"——以杭州都市圈为例》，《社会科学家》2021 年第 1 期。

化"效果：其一，有效融合利用了杭州及周边城市丰富的旅游元素，免票制度为游客提供了更多自由选择的机会，从而使游客可以设计不同组合的旅游路线；其二，以旅游产业为纽带，推动住宿、交通、餐饮、购物、商圈等不同产业实现深度融合，互相支撑。

二是不断提升产业融合的旅游引领价值。杭州市以旅游为引领促进产业融合，彰显旅游的产业价值，不断探索"旅游+"模式。首先是"旅游+文化"，作为历史文化名城，杭州坐拥西湖文化景观、大运河和良渚古城遗址三大世界遗产，世界遗产数量在国内城市中位居第二，是当之无愧的"世遗之城"。杭州在发展旅游过程中，竭力履行保护文物遗存、延续历史文脉、展现世界遗产价值的职责使命，让历史文化成为最具美感的城市生态地标、最具底蕴的城市文化地标、最具人气的城市共享地标。其次是"旅游+休闲"。杭州进一步优化旅游产业结构，加快转型升级，推进形成旅游观光、休闲保健、文化体验、商务会展四位一体的杭州旅游休闲发展模式，其发展模式已从传统的观光型旅游转型为城市休闲旅游，将旅游与整个城市、市民生活紧密融合，让游客从骨子里感受到杭州旅游的休闲魅力。最后是"旅游+网络"。杭州着力探索用深度数字化、智能化技术穿透文化和旅游消费场景的方式，大力推广无接触服务和消费。依托城市大脑，强化数字赋能，实现数据互联互通，加强旅游安全监测，推行景区景点分时段预约、限量、错峰接待游客等措施，加强客流管控，优化景区服务，提升旅游治理能力。

三是拓宽公共服务的设施建设与服务领域。近年来，杭州市以全域旅游的发展思路，在将以往的景点旅游转向全面休闲的同时，大力推动公共服务在休闲与旅游产业融合中突破发展，在公共服务领域的拓宽、关爱弱势群体以及休闲与旅游的辅导和公共教育方面取得了令人瞩目的成绩。其一，不断深入 VR 技术在杭州旅游中的应用。推出杭州旅游 VR 宣传片，采用虚拟现实技术，从杭州茶文化、丝绸、美食、乡村旅游等方面展示杭州城市品牌和核心旅游资源，让游客身临其境地体验杭州城市的旅游魅力。其二，推动无障碍旅游发展。杭州启动全国首个《残障人员旅游服务规范》地方标准试点，参与试点的旅行社按要求每年需组织 300 人次残障人士出游，至少制定 5 条无障碍旅游线路。并对西湖附近景区与公园进行无障碍设施建设，环湖各大公园景点已基本实现无障碍通行。其三，加强人才培养和从业人员培训。杭州市依托浙江省旅游职业学院、杭州市干部培训中心、杭州旅游职业学校等机构建立旅游人才培训基地，并建立了以市旅游委为指导、以区县市旅游局为基础、以旅游企业为主体的三级培训体系，规范全市旅游行业教育培训的管理工作。为提升导游对杭州景区景点的了解与认知，杭州市组织编辑"杭州之旅"系列丛书免费发放给导游，并邀请中共中央党校、清华大学、国务院发展研究中心等机构的高层次专家学者来杭讲课，帮助管理者汲取先进理念，培养国际化战略思维。

（六）粤港澳大湾区文旅极核城市——广州

广州是珠三角区域以及粤港澳大湾区的核心城市。近年来随着粤港澳大湾区的规划发展，广州市深入实施"四个出新出彩"等战略部署，这进一步提升了广州作为珠三角中心城市的地位，广州市在珠三角区域及粤港澳大湾区的旅游、会展、酒店业发展方面发挥着极核带动作用。

一是以商务会展带动旅游发展。会展业是广东主动服务国家发展战略、推动高水平开放的产业之一。以广州为例，广州地区拥有 57 万平方米的室内展览区域、超过 20 个大型会展场所，每年举行 1800 多场展销会与展示会，还有 500 多个大型展览展会，会展数量位居全国第二。再以深圳为例，据不完全统计，目前深圳有会展企业 3000 多家，其主业围绕会展活动而开展，包括会展主办企业 87 家，各类会展服务商约 3000 家。总体来看，随着经济的复苏，珠三角的重要展览和高端会议越来越多，接踵而至的各种展会带来人流、物流、信息流、技术流和资金流，打造出集吃、住、行、游、购、娱等于一体的消费生态圈，带动住宿、餐饮、交通、旅游、通信、广告等一系列配套服务业发展。

二是推动文化与旅游深度融合。按"宜融则融、能融尽融""以文促旅、以旅彰文"的思路，不断推出特色旅游精品，提升旅游的品质魅力。近年来，广州加强城市形象提升设计，提出打响"红色文化、岭南文化、海丝文化、创新文化"四大文化品牌，积极推动形成"吃、住、行、游、购、娱"文旅全产业链，好玩又不失温情的城市文旅体验不断涌现，强有力地推动广州构建世界级旅游目的地。在会展方面，将会展与旅游、养生、演艺、赛事、休闲相结合，拓展会展内容，创新会展业态。如广州将"稳展览，拓会议"作为会展经济抓手，以会展推动产业转型升级，围绕上下游产业链举办展会，促进产业纵向聚集，助推产业结构调整；以国际展会为平台向全球推介广州，集聚世界高端资源，实现"老城市新活力"。[1]为增强酒店竞争力，珠三角地区顺应大众旅行时代到来以及人们生活方式和消费内容越来越多样化的潮流，不断探索酒店发展的新模式，推动"酒店+文旅"跨领域的深度融合，打破当前酒店同质化竞争僵局，进一步夯实珠三角文旅综合实力和竞争力。

三是以科技创新驱动文旅新发展。科技创新是传统文旅产业升级的重要支撑。为进一步推进文旅领域重大科技攻关，广东省成立了"文旅科技协同创新中心"，该中心是集技术创新、成果转化、产业规划、人才培养、科技服务于一体的综合性创新平台，聚焦广东文旅行业发展重大科技需求，通过科技部门推动的"大科技"与文旅部门的"行业科技"深度融合，突破文旅领域的关键共性技术，使科技为文旅产业现代化发展深度赋能。经过多年积累，深圳的智慧旅游享誉全国，并且将智慧旅游上升为智慧城市的一部分，形成

---

[1] 卢坤建、刘生华、罗繁明主编《粤港澳大湾区会展旅游酒店发展报告（2020）》，社会科学文献出版社，2021，第326页。

了自身独特的优势。其中，5G、物联网、云计算、大数据、人工智能等多种信息技术手段在公共文化、旅游景区、城市治理方面全面应用，使语音购票，刷脸、扫码进景区，机器人客服，VR 实景导航等多种新应用成为现实，"深圳智慧"正引领着文化和旅游业发展的新方向。

二　国外文旅极核城市的建设经验

相比于国内，国外经济带、都市圈的发展较早，业已形成比较成熟的经济带、都市区、都市圈等发展模式，在文旅方面也形成了具有代表意义的城市，本节选取世界著名都市圈、都市区的极核城市，通过总结各城市推动文旅发展的特色亮点，形成对成都市具有借鉴意义的经验。

（一）东京推动文旅发展的经验

东京，是世界级大都市圈东京都市圈的核心城市。东京都市圈以东京市区为中心，包括一都七县——东京都、神奈川县、埼玉县、千叶县、山梨县、木县、茨城县和群马县，[1] 人口约占日本总人口数的 1/3。东京及东京都市圈大力推动区域旅游一体化建设，以都市圈协同发展为基础，形成文化旅游与城市经济社会各方面深度融合发展的态势。

一是以规划和法律推动都市圈特色发展。东京都市圈是以东京都为核心的都市群。在发展初期，东京都聚集了日本国内大量人口、资金和生产要素，使东京资源优势突出，成为区域发展极核城市。然而东京都的"极化效应"引起了政府重视，为了协调东京都与其他地区的关系，政府开始制定各种政策制度。在政策调控下，一方面，东京

---

[1]　马淑肖：《纽约和东京都市圈演化机制比较研究以及对京津冀都市圈发展启示》，《时代金融》2014 年第 20 期。

都继续发挥极核城市作用，集聚服务业发展；另一方面，东京都的部分功能也向其他地区分流，实现都市圈的均衡发展。[①] 为此，日本国土厅大都市圈整备局提出首都改造计划，规划将东京"一极集中"的模式改造为"多极组合"和"多圈层发展"的城市结构。具体为推进"展都型首都机能再配置"，即将东京都市圈进一步分为几个自立性区域，再细分为"业务核心城市"和"次核心城市"，在这些地区配置政府机关、商业、金融和信息服务等中枢职能或会议场所，并对各个地区的职能进行了相对明确的分工。[②] 经过多年发展，东京都市圈目前已形成了明显的区域职能分工体系，各个核心城市根据自身基础和特色，承担不同的职能，在分工合作、优势互补的基础上共同发挥出整体集聚优势。而对旅游者来说，东京都市圈内不同地区具有不同的亮点和特色，无论是在全国范围内还是在东京都市圈，东京都的旅游业表现都十分出色，虽然还未成为都市圈的支柱产业，但起到了都市圈旅游增长极的作用，并不断推动都市圈的发展。

二是加强智慧旅游基础设施建设。便利顺畅、全域一体化的交通设施是实现全域旅游的基础，东京是日本也是全亚洲国家中最早拥有地铁线路的城市。为保证东京都市圈的互融互通，东京地铁的每条线路都与环状运行的 JR（Japan Railway）山手线上车站交会。许多线路还与部分 JR 线及其他私营铁路线相互直通运转，服务范围覆盖东京都、神奈川县、埼玉县、千叶县，包括东京地下铁公司及其所经营的东京 Metro 线，13 号线与东武东上线、东急东横线相互直通。[③] 此外，东京都市圈将智慧设施运用到旅游交通的各个方面。在巴士车上，实现了 Wi-Fi 全覆盖，东京都交通局开发了城市公共

---

① 赵萍：《日本东京都市圈与旅游业互动发展研究》，硕士学位论文，华东师范大学，2007，第 36 页。

② 卢明华、李国平、孙铁山：《东京大都市圈内各核心城市的职能分工及启示研究》，《地理科学》2003 年第 2 期。

③ 郭逸雄、黄超、李云鹏：《东京都市圈对京津冀旅游一体化的启示》，《城市管理与科技》2016 年第 1 期。

交通综合运输控制系统（CTCS）。在CTCS中，公共交通综合管理系统包括累计运营数据、乘客计数、监视和控制公共汽车运营以及乘客服务板块。[①]

三是通过节事旅游传承地方文化，扩大地区影响力。为体现各地的旅游特色、提升地方知名度，以东京为核心开展了蓬勃的节事旅游活动。20世纪70年代，日本提出开创"地方时代"，开发节事活动和旅游活动，各地政府重视发挥地方公共团体的作用，举办各类丰富多彩的节庆活动来推广当地文化。日本的节事活动发展至今大致可以分为两类：一是传统节日，如日本三大传统节庆之一的京都祇园祭，迄今已有700多年的历史，每年能为京都吸引120多万名游客；二是侧重现代交流、体育和产业的节庆活动，如"菊花人偶节"已连续举办多年，每年都能吸引几十万外地游客。近年来，东京都市圈各个地区的节庆活动层出不穷，几乎每天都有各类节日活动。东京都作为世界级城市，举办世界级节事活动既能提高其世界知名度，又能发挥都市圈核心城市的引领作用。东京都观光部的主要功能之一，就是通过举办大型活动来开展城市营销。其中两大重点活动是"东京国际动漫展"和"国际马拉松赛"，这两大活动都被作为重要的城市公关手段，提升城市国际地位，吸引来自国内外的游客。

（二）伦敦推动文旅发展的经验

伦敦都市圈是产业革命后英国主要的生产基地和经济核心区，由伦敦城和其他32个行政区共同组成的大伦敦是这个都市圈的核心。[②] 核心城市伦敦在长期发展过程中，也逐渐成为欧洲乃至世界的旅游中心。作为老牌的世界旅游城市，伦敦近年来也在不断探索文

---

① 李宁、徐宝云、王武宏：《公共交通智能调度系统的研究探讨》，《车辆与动力技术》2003年第4期。

② 邓汉华：《伦敦都市圈发展战略对建设武汉城市圈的启示》，《学理论》2011年第10期。

化旅游发展新路径。

一是设计符合城市精神的城市品牌。伦敦在建立城市品牌识别系统的过程中，通过初步分析、建立品牌核心价值、根据核心价值创建识别符号三个阶段，找到品牌生根的"土壤"，即旅游业、商业、体育业、文化以及教育业。从这些行业中提炼出伦敦"开放、迷人、自信和动力无限"的品牌格调，并在此基础上凸显伦敦"文化多元化、无限创造性、充满机会及无穷积极的推动力"等品牌价值，然后找到伦敦的核心价值——"不断探索"。[①] 此外，在品牌的展现上，紧扣伦敦"不断探索"的主题特征，以一个活力无限、变化无穷的"万花筒"的形象将伦敦经济、文化、生活等五彩斑斓的一面生动地表达出来。良好的城市品牌将为提高城市旅游的吸引力起到积极的作用。

二是打造环保低碳的便捷交通圈。伦敦为推动都市圈低碳环保交通发展采取了三大有力措施，大幅度提高慢行和公交等环保低碳交通模式比重。首先，设计多形态和高集成的公共交通系统。伦敦地铁实现了地铁、市郊铁路和路面巴士、小汽车、跨境铁路接驳顺畅，特别是郊区地铁站提供了完善的停车换乘功能，使公共交通出行率大幅度提升，为都市圈实现绿色通勤提供了强有力的支撑。其次，规划多层次、广覆盖的都市圈自行车网络。伦敦市政府联通交通局对自行车基础设施项目进行优化，推出由三种道路组成的自行车道系统，分别是自行车高速路、自行车安静骑行道和市中心自行车优先道，将自行车出行系统延伸至都市圈全域，而不只限于城市中心。最后，通过收取拥堵费这一经济手段来降低城市道路高峰期的车流密度，最终达到缓解城市交通拥堵的目的，提高城市交通的运营效率，从而提高低碳出行率。

三是打造平等共享的游览场所。伦敦作为英国首都和英国旅游资

① 王慧敏：《文化创意旅游：城市特色化的转型之路》，《学习与探索》2010年第4期。

源最为丰富的城市，游客数量众多，几乎一半的到英游客要到伦敦游览。为此，伦敦制订了"伦敦旅游业行动计划"，充分利用城市良好的生态资源与旅游资源，将城市休闲功能与城市旅游相结合，注重城市旅游的共享性、多元性、均衡性。首先，发挥伦敦极核城市的带动作用，扩大都市圈旅游区域。在市中心知名历史景点和节事基础上，伦敦通过各种激励措施鼓励企业、基金会开发都市圈外围地区更多的旅游景观，形成不同区域差异化发展的旅游格局。其次，开发景区在不同季节的旅游功能。根据季节特点，重视对传统旅游淡季创新项目的开发，充分挖掘旅游景区淡季潜力，鼓励企业和行业组织改变经营理念，将在伦敦都市圈举办的商务活动和展会等选择性地在旅游淡季举办，提升淡季客源。最后，注重发挥旅游产业的社会正效益。政府通过提供旅游相关职业培训，让都市圈边缘地区居民通过各种形式参与旅游业，成为旅游业经营者，提高就业稳定性和发展能力。

四是组织开发有序多元化的娱乐购物功能。除了加强城市中心各类日常购物场所建设，伦敦也注重设计和开发城市集市及市郊打折卖场（奥特莱斯），以满足城市居民和游客多元化的购物和休憩需求。首先，巧妙利用城市剩余空间建设周末集市。盘活都市圈各地市集，做到既无须谋划新土地建设，又为既有地点提供新的 IP，为伦敦市民周末游憩提供了源源不断的兴趣点。其次，在棕地、低收入或低商业效率村镇等发展能力不足的远郊地区打造打折卖场。位于伦敦西北部的比斯特购物村显著提升了查尔维地区经济和商业效率，该奥特莱斯打折卖场模式已广泛被世界各地效仿。最后，规划和引导夜间娱乐发展。伦敦提出加强夜间业态的计划，如延长咖啡馆、快餐店、剧院等日间业态的营业时间，将日间和夜间营业的业态联动起来，整体提升城市活力和吸引力。[1]

---

[1]　李沛霖：《伦敦都市圈生活功能建设经验及对我国都市圈发展的启示》，《中国经贸导刊》2021 年第 21 期。

（三）巴黎推动文旅发展的经验

世界著名旅游城市巴黎，拥有着数量庞大且时代跨越大的名胜古迹。进入 21 世纪以来，巴黎顺应文化旅游发展趋势，全方位开发旅游景点，对古老景点进行数字化、智能化管理，不断挖掘旅游文化资源价值，提升现代旅游服务能力，优化巴黎整体社会环境，从而增强古老巴黎的魅力与吸引力。

一是全方位开发历史文化资源。基于得天独厚的文化旅游资源优势，法国将其丰富的历史文化内涵转变为易识解、易感受和易参与的旅游产品，打造出一系列各具特色、各具魅力的文化旅游项目。第一，世界文化遗产是法国最重要的旅游资源之一。法国大约有 1.4 万座建筑历史遗址和建筑被列为历史古迹，其中巴黎受到保护的古建筑就有 3115 座，著名的卢浮宫、巴黎歌剧院、圣心教堂和凯旋门等历史建筑都保存完好。[①] 第二，将现代建筑赋予旅游功能。法国在充分利用历史遗迹资源的同时也积极开发现代建筑的参观旅游项目，在巴黎周边修建出很多现代化建筑。如蓬皮杜艺术中心，是欧洲规模最大的现代艺术博物馆，独特的外墙结构也展现了巴黎刻意打造的另一种城市文化风格：先锋与创意。这座艺术中心年接待游客量一直超过凡尔赛宫和枫丹白露宫两处世界文化遗产。[②] 该举措不但能缓解原有历史古迹的游客承载压力，同时还能给城市注入新的活力，提升游客旅游体验和满意度，这是一种双赢的城市发展思路。第三，把文学艺术作家及其作品的精神价值转化成文化旅游产品。数百年来，法国一直是欧洲的文化中心，先后涌现出大仲马、莫泊桑等文学巨匠以及莫奈、保罗·塞尚等绘画大师。法国把这些文学家和艺术家的家乡、故居甚至作品中出现过的地点都打造成了特色旅游目的地。

---

① 陶希东：《上海建设卓越全球城市的文化路径与策略》，《科学发展》2018 年第 12 期。

② 张凌云、程璐：《北京旅游业在建设世界城市中的优势与不足——北京与巴黎等世界四大城市旅游发展差异比较》，《北京社会科学》2010 年第 5 期。

例如，大仲马小说《基督山伯爵》中主人公被关押的伊夫城堡和印象派画家莫奈完成其著名作品《睡莲》时所住的吉维尼小镇，因这两位历史文化名人而名声大噪，现已被开发为法国著名的旅游胜地，吸引无数旅客。第四，时尚购物与旅游相结合。"购"是旅游产业链上最容易产生经济价值的环节。而法国将"时尚""美学"的概念也融入旅游中，创造出独具特色的时尚消费旅游项目。许多海外游客以去巴黎购物为出行目的。由此可见，时尚消费对巴黎旅游产业和城市经济发展起到举足轻重的拉动作用。第五，饮食文化+旅游。饮食文化也是旅游体验的重要组成部分。除了葡萄酒、甜点、奶酪这些享誉世界的法国特色美食本身带给食客们的愉悦享受，游客们也期待在享用法餐的过程中体会浪漫的法国文化和法国人精致的生活情调。

二是全面提升旅游服务能力。巴黎对城市旅游的相关软硬件服务非常重视。比如巴黎的戴高乐国际机场，经过政府的多次整修扩建，已成为世界排名第十的机场，极大地促进了巴黎入境旅游的发展。巴黎不仅在换乘设施上保障游客从入境处到各旅游景点的可达性和便捷性，还在细节之处考虑到游客的体验感，例如在机场提供了多语种服务、旅游信息咨询服务、残障人服务等各种便民设施。法航大巴的每个车站都配有一名专门的工作人员对残障游客给予帮助。同时，巴黎的两家出租车公司可提供适合残障人士乘坐的车辆，这类车辆的司机都接受过关于服务残障人士的培训，而且收取的价格与普通行程一样，充分体现了巴黎这座国际大都市的开放、平等、包容和对游客的人文关怀。另外，公共交通也是影响旅游者体验感的重要因素之一。巴黎最受游客欢迎的公共出行方式是乘坐城市观光巴士。这是一种专门为游客准备的敞篷双层巴士，便于游客观赏和拍摄沿途的风景。巴黎观光巴士共有4条线路，涵盖了巴黎约50个景点，最热门的景点已被囊括其中，这对自由行游客有很大的吸引力。另外，观光巴士的发车车次较多，游客可以根据自己的喜好和时间安排随时上下车，自由安排不同景点游览的时长。另一种轻松欣赏巴黎景致的游览方式是乘坐塞纳河上的游船。游客不仅可以在游船上轻松欣赏塞纳河两岸优美的风景与建筑，还可以亲身体验享誉全球的法式大餐，这让旅游消费场景巧妙地延伸到出行工具上。

三是提升城市综合环境吸引力。城市的综合环境吸引力来自市政整体风貌的和谐性及公共空间的文化氛围，而巴黎浓郁的文化氛围得益于政府不断丰富和创新文化传播途径。首先，开放公共文化场馆，创新服务模式。为了方便游客了解巴黎的历史文化，巴黎向游客提供了很多优惠措施，吸引游客参观公共文化场馆，以满足游客的文化需求。以法国国家图书馆为例，除了履行常规的公共服务职能，例如提供参观游览和旅游资讯查询服务，还作为虚拟景点，利用数字技术提供远程虚拟游览服务。其次，做强传统节日，打造文旅品牌。巴黎政府在传统节日会举行相关的专题文化活动，例如"欧洲文化遗产日"、巴黎"不眠之夜"等。这种公众盛会中热闹的节日气氛不仅使参与其中的游客得到娱乐消遣和审美享受，更难得的是让他们真切地体验了巴黎的民族历史与文化魅力，既使传统节日的文化内涵得以传播宣扬，也吸引大量外国游客慕名前来，促进了旅游文化经济的发展。

（四）柏林推动文旅发展的经验

作为欧洲中心的时尚之都，旅游业是柏林最重要的产业之一。近几年，柏林始终坚持创新、多元、开放的城市特征，重视文化与旅游的深度融合，旅游业态逐渐丰富，个性化旅游服务持续完善，成功地保持了其在文化旅游与国际城市方面的突出优势，确立了"欧洲首都城市之旅"的旅游概念，引领传统与时尚的国际一流旅游大都市的地位不断凸显。

一是加强城市遗产保护与开发。对于城市遗产，柏林秉持继承与发展的态度，尊重历史、尊重事实，积极开展城市遗产的保护与再开发工作。第一，柏林采取整体保存的方式保护历史遗迹。如整体修缮式、遗迹残存式、整体平移式等，极大地体现了柏林人对历史文物的尊重与保护。第二，采取传统与现代相结合的方式对部分历史文物进行保护。如新旧拼贴式、功能替换式、风格统一式等，让老旧的历史文物焕发新的光彩，继续发挥作用。第三，充分挖掘城市遗产的文化内涵、经济价值，在全方位保护城市遗产的基础上，建立城市遗产与文化旅游产业的融通点，利用城市遗产发展城市文化旅游产业，打造城市文旅名牌。第四，德国人不避讳历史，尊重历史事实，承担历史责任，柏林采取了保留历史事件场所、修建具有特殊意义的历史事件场所的办法来永久地纪念历史事件，并让游客在历史场所的游览参观中正确地认识历史、反思历史。第五，柏林制定了完备的历史文物保护、改造法律条文，并建立了历史文物价值的评估体系，保证了对历史文物的任何改动都能够处于理性的分析和公众的监督之下，保证了历史文物、城市遗产的合法、合理、有效改造与利用。

二是提升旅游公共服务一体化程度。城市旅游公共服务体系建设是彰显城市旅游品质、提升游客好感度、提高城市生活便捷度的重要手段之一。柏林相当重视旅游公共服务体验感，经过多年的规划与建设，拥有一流的服务设施、高效的旅游服务运行机制以及丰富的旅游信息咨询平台。其旅游公共服务一体化主要体现在旅游服务官方机构和"柏林欢迎卡"一卡通服务两个方面。

在旅游服务官方机构方面，柏林旅游业的官方机构是柏林旅游会议局，其主要职能为聚焦柏林旅游业的发展，为世界各地游客及商务人员提供到柏林旅游的落地服务。该局与柏林的餐饮、文化娱乐、旅游以及交通运输等行业的服务供应商开展密切合作，为商务旅行、大型会展以及团组旅行等各类旅游形式提供全方位服务。同时，为从事旅游业的机构以及到柏林旅游的游客提供双向信息中介服务。在"柏林欢迎卡"一卡通服务方面，"柏林欢迎卡"为柏林官方旅游卡，每个到柏林的游客都可以获得"柏林欢迎卡"，不仅可以作为交通车票使用，而且卡中还附带优惠券，通过刷卡，游客在进行城市观光游、参观博物馆、观看话剧演出、餐馆进餐、健身及优惠购物等主要活动时可享受 25%～50%的优惠。同时，欢迎卡还附有各种各样的旅游信息服务指引，突出了旅游服务的便捷化，为游客在柏林旅游提供了极大的便利。

三是注重塑造城市旅游品牌形象。全方位的营销宣传有利于塑造城市旅游品牌形象，提升城市旅游业竞争力。柏林一直以来都致力于打造城市旅游的整体品牌形象，在世界范围内进行广泛的营销宣传，实现实时传播的动态优化。通过多年努力，柏林立体化营销宣传渠道目前已形成多层次、全方位的体系。如利用互联网及现代传播平台，进行全方位旅游信息传递；统筹整合大事件进行营销，积极发挥柏林国际电影节等各类节事活动的聚媒效应、口碑效应、名片效应、改善效应等，积极宣传和传播城市形象，吸引国内外公众眼球；积极参加海内外交易推介会、专题讨论会、社交媒体活动，邀请海内外学者来柏林考察，不断强化柏林在会议等领域的专业化营销优势；加强与各类旅游营销企业的合作，结合多方优势，通过形式多样的营销方案，共同开发旅游市场。

三　国内外经验对巴蜀文化旅游走廊极核城市建设的启示

巴蜀文化旅游走廊是推动成渝地区双城经济圈国家战略落地生根的文旅实践，成都作为巴蜀文化旅游走廊的重要极核城市，既要谋求城市自身文旅的进一步发展，又要谋求区域文旅的整体发展，发挥中心城市和城市群的辐射作用，提高区域文旅协同发展能力，优化文旅产品和服务，壮大川渝文旅产业实力，两方面的任务都很重要。因此，成都市可以充分借鉴国内外文旅先进城市、先进都市圈与文化旅游带的建设经验，深入挖掘文化内涵、推进文旅融合，推动巴蜀文化旅游走廊全域环境整体优化，打造世界级文化旅游目的地。

（一）深度挖掘城市文化旅游资源

文化旅游资源是发展文化旅游的根基，世界各个城市文化旅游资源各具特色、各有魅力，是城市文化旅游发展的基本要素，也是各个城市文化旅游发展的特色吸引力。国内外著名的旅游城市无不充分保护、挖掘、利用本地文化旅游资源，使文化资源价值最大化。一是尊重历史遗迹、延续历史使命，发掘历史遗迹、城市遗产与文化旅游市场的结合点，进一步扩展其文化内涵与旅游价值，将遗产优势转化为现代产业优势。二是充分发挥城市的人才优势与时尚文化优势，着力构建以艺术、创新、设计等为主题的文化创意产业体系，将文化创意产业植入旅游业，用文化创意带动旅游业的发展，有效增强旅游目的地的吸引力，加强目的地旅游商品的特色，增加旅游购物消费，从而推动旅游目的地收入结构的优化。三是创新开发非物质文化遗产资源，面向不断壮大的学习型游客、思考型游客、创意型游客群体，增强非物质文化遗产的参与性、趣味性，实现游客创造潜能的激活、创造力的发挥、满意度的提升，从而形成世界级的文化旅游产品名牌，提高世界知名度，提升对全世界旅游者的吸引力。

（二）联合塑造世界级文化旅游品牌

品牌建设是旅游目的地塑造本地鲜明旅游特色、在众多竞争对手中脱颖而出的重要手段。比如伦敦、柏林都强调对城市文化形象、城市品牌的经营与打造，通过树立城市文化品牌增强城市文化旅游魅力，打造令全世界旅游者向往的文化旅游名城。旅游带或旅游走廊要充分发挥区域内各城市的经济优势，整合区域内旅游资源与旅游路线，整体推进都市圈旅游协作，打造旅游精品，塑造都市圈旅游新形象。一是充分利用城市及区域旅游资源，打造集文化、体育、演艺、美食、观光、会展、休闲、娱乐、购物等于一体的高品质旅游节庆活动，形成一批反映城市风貌、展现人文风情的世界级节庆旅游品牌，加速文、商、体、旅的产业融合。二是优化和提升旅游消费市场的供给品质和国际化服务水平，加快提升国际旅行消费商圈的能级，通过传统精品旅游项目的升级改造和高端旅游精品项目的引进，着力打造一批享誉全球的标志性高端旅游消费商圈。三是多渠道、多层次整体促销，可以借助景区创 A 的机会，充分利用图文、音频、短视频、直播等新媒体宣传平台的相互链接和信息互动，对重点旅游景区、旅游街区、文博场所等进行全面、即时、立体化宣传推广。

（三）提升交通基础设施与服务水平

交通先行，是区域规划与发展的重要理念。世界各地的经济带、都市圈在发展初期，都将大量的资源投入交通基础设施建设当中。对推进区域旅游一体化来说，四通八达的道路、车辆、水运系统，更是基础中的基础。一是高水平实现区域内各类出行模式间的无缝衔接。统一规划区域内交通基础设施、各级枢纽和公共交通服务，提供交通枢纽周边的多式换乘设施和服务，鼓励相关企业在城市交通节点提供各类交通工具出租服务，如电动车、自行车在线出租服务等，提升经济区、都市圈或旅游带中心—边缘双向轨道交通使用率。二是采取市场化和信息化手段，分类推进城市出行模式的低碳化转型。发挥制度优势和技术优势，提升"城市大脑"对城市交通运行效率的支持力度，通过智慧信号灯系统使城市在现有路网建成环境下获得更高的容车率和行车效率，并以此改善热岛效应和空气质量，推动低碳协同发展[1]，营造良好的旅游环境。三是提升区域内交通服务品质。不断优化铁路公交化运营组织，交通部门与相关部门充分沟通协调，重点关注对路网需求较大的重点线路，强化多种交通方式接驳换乘。推动各种运输方式等候区、售票区、停车场等功能合并布设以及安检等设施设备的共享共用，进一步缩短公共交

---

[1]　李沛霖：《伦敦都市圈生活功能建设经验及对我国都市圈发展的启示》，《中国经贸导刊》2021 年第 21 期。

通转换时间。建立区域内公共交通一卡通制度，统一交通资费标准，推行月票、年票、积分等多元化票制。

（四）以立体公共服务体系促进城市旅游品质提升

旅游公共服务是旅游产业发展的基础，旅游公共服务质量和水平不仅是旅游目的地发展成熟度的重要标志，也是旅游目的地市场竞争力提升的客观要求。各地不断培育新型旅游公共服务空间，提升旅游景区文化内涵，以文化之力完善旅游惠民服务，大力推进文化和旅游公共服务资源共建共享。首先，创新旅游公共服务方式。以更加开放的思维推动旅游公共服务提供，拓展旅游公共服务的外延，以创意呈现方式将旅游公共服务扩展至更广区域。如上海市推出的"建筑可阅读"服务内容，通过二维码，让建筑可读、可听、可看、可游，创新了旅游公共服务方式，拓展了服务空间。[①] 其次，探索跨区域旅游公共服务共享机制。通过都市圈、经济带内各个城市之间的协作创新，打造跨区域公共服务产品，如京津冀旅游年卡、长三角PASS等，实现跨区域旅游资源、公共服务、社会福利共享。最后，调动社会力量参与旅游公共服务建设。探索政府采购交由企业经营的方式，增强旅游公共服务的供给活力。积极探索基于大数据和市场信用的市场监管机制，引导企业关注服务质量提升。基于旅游行业大数据，对旅游企业进行动态监控，随时处理各类服务问题，提升监管效率。

（五）建设旅游走廊信息共享平台

旅游带或旅游走廊的发展就是要打破行政区域的资源配置格局，逐步实现区域旅游一体化、同城化发展。为了解决区域内各城市间旅游公共信息、旅游交通、客源等信息不畅的问题，可以建立区域

[①]　吴丽云：《创新推动旅游公共服务质量全面提升》，中国旅游新闻网，2023年2月28日，http://www.ctnews.com.cn/paper/content/202302/28/content_78210.html。

旅游信息共享平台，联通和整合区域内各城市的信息网络，打造高效便捷的旅游信息通道，实现区域内旅游资源和客源的共享。首先，优化全域智慧旅游平台。运用区块链、大数据、云计算、物联网、人工智能、移动互联网等领先的信息化技术，构建区域旅游综合监控、管理、营销与服务平台，打造承载和链接游客、导游、地接、旅行社、景点、酒店、商场、交通服务、政府监管部门等各资源方、渠道方、监管方和游客的平台，使各方能基于该平台完成交易，并建立安全的信任机制和互评机制。其次，通过建设旅游集散中心和旅游咨询中心、绘制旅游带旅游地图、发行同城化旅游卡和举办区域内各城市同城化旅游节等形式缩短各地区市民的心理距离，从市民互认和互游活动入手逐步实现旅游同城化。

（六）构建旅游同城化发展机制

旅游带或旅游走廊各城市间复杂的行政级别与行政权限是城市间旅游协同发展的最大制度藩篱。在区域一体化背景下，为了避免极核城市"一核独大"的问题，同时也为了避免旅游市场过度竞争带来的重复建设问题，需要加强政府间的旅游合作，通过制度创新来打破行政壁垒，提升区域间协同规划、协同治理水平，提高旅游资源的使用效率。首先，成立区域旅游协同发展联盟或委员会，由各城市的文旅局作为联盟主要成员，定期召开联席会议，围绕旅游资源开发、旅游基础设施和旅游公共服务建设问题等进行协商讨论，布局重大项目、重大基础设施，共绘区域旅游协同发展蓝图。其次，建立区域旅游发展基金。共同向上争取政府旅游发展专项资金支持，动员更多资本参与到成德眉资数字文旅建设中来，鼓励各区结合区域发展特点出台配套扶持政策，引导金融机构加大对文旅领域数字化项目的信贷投放力度。最后，完善利益共享机制。兼顾各级地方政府利益，制定完善的项目利益分配方案，并建立利益协调委员会，解决利益纠纷，充分发挥区域旅游协同发展的正向效应。

第八章
成都建设巴蜀文化旅游走廊极核城市的
总体思路与路径选择*

　　巴蜀文化旅游走廊建设，是新时期党中央、国务院做出的一项重大决策部署。巴蜀文化旅游走廊建设是充分彰显中国优秀文化独特魅力的重大工程。基于巴蜀地区丰富多元的文化资源和旅游资源，将文化资源优势进一步转化为产业发展优势。通过加强深度交流合作，统筹巴蜀文化旅游走廊沿线区域经济社会发展，打造宣传地区形象、展示中华特色文明、彰显文化自信的亮丽名片。[①] 成都作为巴蜀文旅走廊极核城市之一，应聚力提升巴蜀文化影响力、区域协同带动力、文旅产业竞争力、优质产品供给力、文旅综合支撑力[②]，唱好"双城记"、建强"都市圈"，引领带动区域文化和旅游统筹协同发展，建成具有国际影响力的文化旅游走廊。推动巴蜀文化旅游走

---

* 本章为成都大学文明互鉴与"一带一路"研究中心重点项目"新形势下成都建设巴蜀文化旅游走廊极核城市的路径研究"（项目编号：WMHJ2023B02）、成都市哲学社会科学研究基地——成渝地区双城经济圈与成都都市圈建设研究中心项目"成渝地区双城经济圈背景下巴蜀文化旅游走廊构建研究"（项目编号：CYSC23B001）、四川景观与游憩研究中心资助项目（项目编号：JGYQ2024001）的成果。

① 郑正真、张萌：《新形势下巴蜀文化旅游走廊建设路径研究》，《重庆行政》2022 年第 2 期。

② 《高质量打造全省文旅经济发展核心区 推动世界文化名城建设不断迈上新台阶》，《成都日报》2022 年 4 月 28 日，第 10 版。

廊建设，对于引领区域文化旅游的高质量发展和培育中国文化旅游的新发展空间，进而打造西部地区文化旅游发展的新增长极，具有十分重要的战略意义。

一 成都建设巴蜀文旅走廊极核城市的总体思路

在新形势下，作为促进成渝地区双城经济圈一体化发展的重要支撑，巴蜀文化旅游走廊必须秉持抱团发展、共建共享、区域共进的原则。成都作为巴蜀文化旅游走廊重要的极核之一，要抢抓机遇，顺势而上，以成都的繁荣文化和强大的文化经济为动力，并将其融入巴蜀文旅走廊，积极发掘和充分利用该走廊所拥有的丰富人文和自然资源。加快把成都建设成独具魅力的世界级文化名城，成为中国文化对外传播、国际文化交流与互鉴的重要平台，成为被世界仰视的国际文化大都市。进一步弘扬中华优秀文化，挖掘天府文化的城市文化资源、城市文化精神，推进城市文化经济发展、城市文化创新、城市文化传播，培育城市发展的新增长极，赋能成渝地区双城经济圈建设。[①] 秉持国际化视野和文化引领战略，凸显成都作为极核城市的重要地位，加强与周边地区的协同和融合，全力推动巴蜀文化旅游走廊建设。

（一）坚持四大基本原则

1. 系统谋划，统筹推进

坚持系统化观念、全局性谋划，强化资源整合和优势互补，实现统一的规划、一体化的部署、相互协作的合作方式，并共同实施，以显著提升区域文化和旅游的整体竞争力。坚持整体化观念、统筹性推进，创新合作机制，推动规划协同、政策相通、产品相连、品

---

① 田蓉：《推动天府文化创新性发展 协同打造巴蜀文化旅游走廊》，《先锋》2020年第7期。

牌共享，在招商引资、土地开发、人才流转、产品推销、产学研结合等方面，建立市场共同体，融入国内国际双循环，拓展两个市场，加强区域协同融合，做大做强成都极核，共同建设巴蜀文旅走廊。

2. 以人为本，共建共享

坚持以人为本的发展理念，推进大众化发展，把实现好、维护好、发展好最广大人民根本利益作为文化和旅游发展的出发点和落脚点，大力发展以生活方式引人、以情感共鸣感人、充分激发根植消费者内心深处的消费需求的大众消费方式。深化供给侧结构性改革，推进文旅高质量发展，增加优质产品和服务供给，满足人民美好生活需要，不断优化城市公共服务，完善城市功能空间布局，充分调动文化产业和旅游产业的综合力量，使发展成果更广泛惠及民众，增强民众的幸福感和安全感。

3. 创新引领，融合发展

坚持创新突破，将创新视为驱动发展的首要力量，在文化和旅游发展中充分发挥科技创新的能动作用，加速推进数字化和智慧旅游的发展，促进文化和旅游领域的创作、技术应用、业态转型以及商业模式创新。通过机制体制创新，激发文旅要素市场发展活力，赋能产业、项目、营销、消费场景，构建创新发展格局。坚持融合路径，以文塑旅、以旅彰文，推动文旅资源共享，提供更加丰富多样的消费场景和旅游产品，大力推动"文旅+""+文旅"跨部门、跨行业、跨空间的渗透融合，以及行业间的业态融合、产品融合、项目融合、市场融合，最终实现各行业全方位联动发展，提升文旅产业的质量效益和核心竞争力。

4. 立足国际，开放协同

坚持国际眼光、战略思维，积极主动地融合"一带一路""双循环"等国家规划布局，充分利用区域文旅协同发展及双城经济圈发展机遇，整合国际资源、对接国际标准、强化国际营销，提升区域文旅的国际竞争力，融入全球文化旅游竞争体系。坚持开放协同，坚定树立一体化发展理念，共同构建巴蜀文旅走廊，努力打造高水平的区域合作示范区。提高文化旅游的市场开放度，提升城市文化沟通力和全球传播力，持续加强与国际国内文化旅游景区的交流合作，加强营销推广，培育新形势下成都文旅参与对外开放的竞争新优势。

（二）找准功能目标定位

《巴蜀文化旅游走廊建设规划》明确提出，要强化双核驱动，就成都而言，要求突出成都旅游都市型、国际化和综合性的特点，加快休闲消费提质扩容和转型升级，培育一批国际一流、全国领先的文商体旅融合发展优质产品，建设世界文创、旅游、赛事名城和国际美食、音乐、会展之都。[①]

1. 建设文旅区域协同高质量发展示范区

全面落实成渝地区双城经济圈建设战略部署，在更大空间和更高层次上谋划和推动世界文化名城建设和"三城三都"品牌塑造，形成一批具有全球影响力和区域带动力的文旅品牌，推动成德眉资文旅发展同城化、成都平原经济区文旅发展一体化，协同打造巴蜀文旅产业生态圈，建设文旅产业融合发展示范区。

2. 建设文化遗产保护活化利用标杆城市

进一步彰显文化遗产魅力，创建国家文物保护利用示范区，推动形成非遗特色产业集聚区。使文化遗产代表性项目得到有效利用，推动金沙和三星堆、金堂云顶石城和重庆合川钓鱼城联合申遗。建立健全文化传承发展体系，激发创造力和创新活力，提升文化遗产在经济社会发展和重大战略中的服务能力，增强人民群众对文化遗产的认同感、参与感、获得感。

[①] 《文化和旅游部 国家发展改革委 重庆市人民政府 四川省人民政府关于印发〈巴蜀文化旅游走廊建设规划〉的通知》，文化和旅游部网站，2022年5月11日，https://zwgk.mct.gov.cn/zfxxgkml/zykf/202205/t20220526_933202.html。

3. 建设世界级文化旅游休闲胜地

深刻把握后疫情时代文旅市场的变化，加强优质旅游产品供给，打造世界级的核心产品，创新打造成都熊猫国际旅游度假区，推进三国蜀汉城建设，加快实施三国文化研究展示中心改造提升项目，打造世界三国文化旅游目的地，推进成都中国书法馆、草堂·诗歌文创园区等项目建设①，建设成都诗歌文化圣地，加强旅游休闲街区、高品质旅游景区和度假区的建设，提升旅游消费水平，创建包容和谐、宜居美丽和充满魅力的高品质生活宜居地，打造具有国际化水平、浓厚中国特色和巴蜀文化韵味的世界级休闲旅游胜地。

4. 建设世界级文化旅游消费目的地

按照创新发展理念，优化整合成都全域涉旅资源，加强配套设施建设，丰富文旅业态，提升旅游服务国际化水平、入境游客旅游体验感，创新推进国际旅游宣传营销，提升文旅市场规范化水平，持续吸引入境游客，打造一条以品质提升、品牌塑造来提高知名度、影响力的新路径。坚持高端化与大众化并重、快节奏与慢生活兼具，壮大多元消费业态，提高商业繁荣度、消费舒适度、国际美誉度②，形成一批国际化文旅品牌，使成都成为全球新兴的重要文化和旅游消费目的地。

（三）围绕五大方向突破

1. 坚持数字文旅引领

坚持以社会主义核心价值观为引领，以公园城市示范区建设为统揽，以推动高质量发展为主题，以深化供给侧结构性改革为主线，顺应数字产业化和产业数字化发展趋势，深入推进文旅产业数字化战略，抢抓 5G、人工智能、云计算等新型基础设施提速建设的发展机遇，满足人民群众对更高品质、幸福美好生活的文化需求。以创

① 王嘉：《规划建设新时代城市十大文化地标》，《成都日报》2022 年 8 月 22 日，第 1 版。
② 《成都建设践行新发展理念的公园城市示范区总体方案》，《先锋》2022 年第 3 期。

造新消费场景、塑造新消费品牌、吸引新消费群体为目标，以引入新平台、新业态、新投资为重点，促进成都数字文旅产业迈向全球价值链高端，全力打响成都数字文旅品牌，构建具有国际竞争力和区域带动力的数字文旅产业生态体系。

2. 推动产业跨界融合

以跨界融合为推手，提升成都文化旅游品牌建设的价值。推动产业边界融合，利用文创、旅游、体育运动的内在耦合性及关联性，推动"文创+旅游""旅游+体育""文创+体育"等产业融合，通过边界融合渗透，大力发展创新产业形态。推动产业场景融合，充分发挥科技、IP在文体旅融合汇总中的"桥梁""中枢"作用。通过"IP+科技+产业"，促进融合化产业及消费场景落地，鼓励打造"IP+绿道""景点+快闪""科技沉浸体验+运动特色化"文体旅融合场景。通过跨界融合，丰富成都文化旅游品牌，将其融入人文、生态、美学和经济等多个综合价值领域，推动文化旅游高质量发展，全面增强成都文化旅游品牌的国际竞争力。

3. 强化文旅品牌带动

加强与国际国内主流媒体、高端智库、知名机构的交流合作，推出成都数字文旅机会清单、产业发展蓝皮书等推介资料和研究成果，加大对成都数字文旅载体、项目、品牌、企业、领军人物等的宣传推介力度。强化品牌意识，制定数字文旅区域品牌发展战略，探索共建共享区域品牌的路径和方式，促进企业品牌和区域品牌互动发展。鼓励打造数字文旅品牌展会活动，充分发挥区域特色和优势，强化品牌建设的整体效应，提升对成都数字文旅消费群体的信息触达率和产品传播力，提升成都数字文旅曝光率、知晓率和美誉度。

4. 深化产城融合驱动

坚持"人、产、城"的发展思路，科学规划产城空间布局，注重生产、生活和生态的平衡发展。加快推动国际化文旅产业社区建

设，优化生产空间、生活社区和公共服务体系，将文旅产业社区打
造成为产城一体的城市文化新空间。① 注重城市美学设计，与自然环
境的"山水田林路湖"相融合，提取古蜀文化、三国文化、大熊猫
文化、水利文化等特色文化要素，树立具有蜀风雅韵、大气秀丽和
国际时尚特色的公园城市美学形象，创造出锦绣天府的文化风景线。
推进"文旅+"赋能城市焕新，打造一批与城市建设精准匹配、与
城市功能有机兼容的空间载体，实现"人、城、境、业"的高度和
谐统一。

5. 强化区域联动协同

坚定"一盘棋"整体谋划，强化区域协调发展，加强资源整合、
优势互补，做到统一谋划、一体部署、相互协作、共同实施。加强文
化政策互惠互享，推动文化资源优化配置，全面提升区域文化创造力、
竞争力和影响力。推出"惠民一卡通""旅游护照"等产品，改善游
客旅游体验。建设旅游信息库，建立假日旅游、旅游景区大客流预警
等信息联合发布机制。推动美术馆、博物馆、图书馆和群众文化场馆
区域联动共享，实现城市阅读一卡通、公共文化服务一网通、公共文
化联展一站通、公共文化培训一体化。加强重点文物、古建筑、非物
质文化遗产保护合作交流，联合开展考古研究和文化遗产保护工作。②

二　成都建设巴蜀文旅走廊极核城市的路径选择

坚持以建设践行新发展理念的公园城市示范区为统领，融入成
渝地区双城经济圈、成都都市圈，立足国土空间规划与要素配置，
坚持系统谋划、统筹推进，以人为本、共建共享，创新引领、融合

---

① 《高质量打造全省文旅经济发展核心区　推动世界文化名城建设不断迈上新台阶》，《成都
日报》2022 年 4 月 28 日，第 10 版。
② 《中共中央 国务院印发〈长江三角洲区域一体化发展规划纲要〉》，中国政府网，2019
年 12 月 1 日，https://www.gov.cn/zhengce/2019-12/01/content_5457442.htm。

发展，立足国际、开放协同的原则，聚力提升成都作为巴蜀文化旅游走廊极核城市和全省文旅经济发展核心区的能级①，协同开发巴蜀文化旅游走廊和成都都市圈的环龙门山、环龙泉山文旅资源，增强成都辐射引领带动功能。有鉴于此，成都建设巴蜀文旅走廊极核城市，应当从保护传承、文旅融合、科技赋能、一体化发展、场景创新、品牌塑造、优质均衡、要素供给等方面同时发力，激发文旅的精神动力、经济发展的新动能，加快形成高质量发展的新增长极。

（一）以保护传承为重点，丰富城市文旅内涵

1. 推动文化资源创造性转化、创新性发展

一是加强文化资源保护与利用。加快完善法律法规、落实相关配套政策，根据《成都市大遗址保护条例》，坚持保护第一、加强管理、挖掘价值、有效利用，让文物活起来的方针；坚持属地管理与分级负责相结合，文物本体保护与周边环境保护相结合，遗址保护与促进当地经济社会发展、改善民生相结合的原则。加大名人故居等文化遗存的抢救性、系统性、原真性保护力度。不断完善文物考古发掘机制和文物安全长效机制，提升不可移动文物保护水平。二是活化利用文化遗产资源。对历史文化街区、历史文化风貌区、重要历史遗迹等实施有效保护和活化利用，建设东华门、宝墩等十大考古遗址公园，构建历史遗迹文化旅游集群。加快建成成都自然博物馆、张大千艺术博物馆、四川大学博物馆群等，推动区（市）县新建或改扩建国有综合博物馆，鼓励社会团体、民间收藏家依托文化景观带、特色小镇、林盘院落等开办非国有博物馆，发展一批社区博物馆、生态博物馆、乡愁记忆馆等。挖掘成都历史名人资源及蕴含的天府文化优秀基因，规划建设一批名人故居纪念馆、博物馆，打造一批大遗址考古体验游、文博体验游等品牌化旅游线路。三是推动文化资源的

---

① 《高质量打造全省文旅经济发展核心区 推动世界文化名城建设不断迈上新台阶》，《成都日报》2022年4月28日，第10版。

产品化转变。通过加强对文化遗产的传承、保护和利用，创新历史文化名人传承等方式，促进文化资源向文化创意产品的转型。突出大熊猫、"太阳神鸟"等天府文化象征元素，推动城市文化标识在生产生活和传播推广中生动广泛地呈现。强化数字文创引领，积极参与中华文化资源数据库建设，加快古蜀文化、三国文化等特色文化资源数字化转化，开发更多镌刻成都印记的"现象级 IP"。

2. 提升文物考古发掘现代化水平

一是加强文物考古发掘保护工作。重点推进成都平原旧石器考古资源调查、彭州竹瓦街遗址考古发掘、金堂云顶石城调查试掘等考古工作项目。实施龙藏寺、新津观音寺、明蜀王陵等一批重点文物保护项目。加强石窟寺保护利用，编制石窟寺保护专项规划，开展石窟寺安全监测。推进成都考古中心改建并投入使用，重点建设东华门遗址、宝墩遗址、邛窑遗址等成都市十大遗址保护和考古遗址公园，成功创建国家文物保护利用示范区。二是做好文物活化利用。积极参与"考古中国""中华文明探源工程""古蜀文明创新工程"，制定"古蜀文明创新工程"研究规划，积极开展文物调查勘探发掘及抢救保护工作，开展考古发掘出土文物认定、定级和移交工作。聚焦史前聚落考古、古蜀文明考古、汉唐考古、城市考古、佛教考古、陶瓷考古、科技考古等重点学术领域，依托成都考古中心，积极承担高层次研究项目，不断增强科研创新能力，加快成果转化。三是加强文物遗址数字化建设。将三维扫描、数字图像制作技术应用于文物遗址遗迹数字化保护工程，并建设成都市文物数据库管理系统。同时，利用大数据、互联网、人工智能、元宇宙和区块链等信息技术，推动文物保护利用方式的创新融合，全力推进"互联网+中华文明"行动计划。探索"博物馆+旅游""博物馆+社公力量"的发展新路径，研发推广系列文博创意产品。结合金沙遗址、杜甫草堂、武侯祠等资源，与社会机构合作开展青少年文博研学游活动。

3. 加强非物质文化遗产的保护利用

一是加强非物质文化遗产系统性保护传承。按照非物质文化遗产的存续状态分类，以培养传承人为核心，致力于建设非物质文化遗产传承人培训基地和小型非物质文化遗产馆。同时支持行业、企业和非物质文化遗产代表性传承人设立专题场馆。持续开展对非物质文化遗产的调查工作，并进行市级非物质文化遗产代表性项目的记录。同时建立各级重点非物质文化遗产项目的状况评估制度。推动落实《关于全面推进非物质文化遗产科学保护与高质量发展的实施意见》。二是加强非物质文化遗产生产性保护传承。通过推行传统手工业振兴计划，建立非物质文化遗产保护示范基地，以实现生产性保护目标。推动非遗工业价值转化，促进非遗授权业的发展。培育一批非遗主题活动品牌，创新一批非遗产品，建设一批非遗特色产业集聚区。继续开展非遗展示、展演传播活动，推动非遗价值的创新转化，推进非遗文创产业集聚区、非遗主题生活美学场景、非遗项目体验基地、非遗特色小镇和村落的建设。三是促进非物质文化遗产资源转化利用。整合皮影、木偶、蜀锦、川菜、邛窑、竹编、茶艺等非物质文化资源，实施传统工艺振兴计划，创新传承形式，做大做强"成都手作"品牌，定期开展"成都手作"集市活动。打造国际非物质文化遗产博览园。支持利用非遗馆、传承体验中心、非遗工坊等培育非遗旅游体验基地，打造锦绣之旅、竹藤之旅、茶香之旅、陶艺之旅、醇酿之旅、蜀味之旅、百戏之旅、丝竹之旅、康养之旅、匠心之旅等十条非遗主题旅游精品线路，推动非遗有机融入景区、度假区、街巷社区、特色小镇，打造一批非遗特色景区。传承"都江堰放水节""洛带客家水龙节"等成都特色民俗活动，推动重现"十二月市"繁荣盛景，打造民俗节庆游系列品牌。四是建立成都市非物质文化遗产数据库。通过推进非物质文化遗产资源数字化、服务网络化、管理现代化，开展记录成果的数字化应用，高质量编辑出版非遗系列丛书，制作非遗影像，并通过非遗中心网站、微信公众平台等进行宣传推广。

（二）以文旅融合为核心，提升文旅产业发展能级

1. 以文塑旅提升文化内涵

一是人文资源是旅游发展的基石。而文化资源则是最为重要的旅游资源之一。对文化内涵的挖掘是提升旅游特色和推出旅游精品的一个重要方面。成都作为首批历史文化名城，是一座历史悠久、充满神韵的城市，拥有一流的文化禀赋、丰富的文化积淀。成都要在充分挖掘天府文化内涵和不断拓展外延的基础上，将文化深度植入旅游中，以"文化+"旅游提升旅游发展的文化内涵，让文化旅游更能体现精神内核，让游客和市民内心能感受到文化魅力和文化熏陶，从而提升成都文化旅游产品的独特性和吸引力。二是深度挖掘天府文化的内涵。城市文化是城市物质文明和精神文明发展过程中沉淀和凝练下来的精华，是人类思想的灿烂结晶。成都是一座拥有丰富文化资源的历史名城。这里独具特色的地域文化包括大熊猫生态文化、金沙古蜀文化、都江堰水文化、三国文化、宗教文化、古镇文化和休闲文化等。因此，要整理保护相关历史文献、历史名人文化和文化艺术样式，挖掘成都故事、民俗和非物质文化遗产，深入研究天府文化的历史渊源、演进脉络和时代风尚，以揭示其丰富内涵。三是创作天府文化文创产品。实施天府文化"攀原登峰"工程，组织天府文化艺术名家创作一批具有国际影响力的戏曲、文学作品、影视作品，以文创形成城市旅游的核心吸引力。实施天府文化城市美学工程。充分利用天府文化为城市旅游产品、大型公共文化设施、大型体育赛事场馆赋能，形成一批具有"天府文化"品牌加持的城市特色空间载体。优化城市人文空间与自然空间，将"蜀风雅韵""花重锦官"的天府城市风貌充分表达出来。

2. 以旅彰文促进文化传播

一是以旅游促进文化传播。发挥旅游覆盖面广、市场化程度高

等优势，用好旅游景区、导游、中外游客等媒介，弘扬中华文化、社会主义核心价值观，使旅游成为宣传灿烂文明和现代化建设成就的重要窗口。推动博物馆、美术馆、图书馆、剧院、非物质文化遗产展示场所等成为旅游目的地，培育主客共享的美好生活新空间。①二是利用文化资源来开发旅游产品。通过增强旅游品质，让游客在欣赏自然美景的同时感受中华文化之美，打造独特的文化旅游体验。旅游是走近中华文化、增强文化自信的重要途径。除了改进硬件设施和优化软件服务，还应深入挖掘地域文化特色，将丰富的文化内容符号和故事融入景区，规划旅游线路并展示、解说优秀传统文化、当代文化以及社会主义先进文化。同时，还应努力提高服务品质和改善文化体验，将文化元素和内涵融入旅游设施和服务，彰显人文关怀。三是以文化旅游融合为目标。文化和旅游产业在融合过程中通过功能重组和价值创新，进行优势互补，形成涵盖文化旅游产业核心价值的新价值链，这将释放更强能量，取得"1+1>2"的产业叠加效应，以文化丰富旅游内涵。借助丰富的文化内涵，推动旅游领域在传承和交流文化方面发挥更大作用，同时带动文化产业的发展，提升旅游的质量和吸引力，进而促进文化的繁荣。这种良好的局面对于构建新型的文化旅游产业体系、推动文化旅游产业实现转型升级和高质量发展至关重要，同时也能够更好地满足人民群众日益增长的文化和旅游需求。

3. 推动文旅多维度融合

一是推进文化和旅游深度融合。提升旅游的文化内涵，通过旅游推动文化的传播，将丰富的文化资源转化为具有旅游价值的产品。同时，我们还要深化文化和旅游的业态融合、产品融合和服务融合，围绕古蜀文化、三国蜀汉文化、红色文化、天府农耕文化、藏羌彝民族文化、白酒文化、诗歌文化、川菜文化等特色主题，创建一批

---

① 《"十四五"文化和旅游发展规划》，《中国文化报》2021年6月3日，第3版。

国家级或省级文化产业和旅游产业融合发展示范区。同时，建设一批集文化创意、旅游休闲等功能于一体的文化和旅游综合体，以进一步促进文化和旅游产业的协同发展，满足人民群众对文化和旅游日益增长的需求。为旅游产品植入文化元素，将博物馆、非遗展示场所、美术馆、图书馆、剧院等纳入旅游线路，打造文旅融合的精品景区。以"微改造"为手段提升现有旅游景区、酒店和旅行社的文化内涵。推动非遗、演艺、文创商品、公共文化服务等进旅游景区、度假区、酒店。积极推进文旅融合 IP 工程，培育一系列本土原创 IP。同时，开展文化和旅游品牌授权，致力于打造富有深厚文化内涵的成都品牌，实现文旅融合的目标。二是推进与三次产业深度融合。深化文化旅游与三次产业跨界融合，加快休闲农业、美丽乡村建设，推出家庭农场、森林人家、水利风景区（河湖公园）、气象公园（气候小镇）等。积极发展工业旅游和科技旅游，建设一批示范基地，包括工业旅游示范基地、科技旅游示范基地以及文化和科技融合示范基地，引导发展文化和旅游装备制造业。促进文旅与农业、商贸、体育等结合，发展研学旅行、康养旅游、体育旅游、商贸会展旅游。三是实施"文旅+"战略，强化品牌建设。加快文化旅游与工业、农业、生态、教育、体育、医疗、会展等方面的融合渗透，打造商务旅游、会展旅游、工业旅游、医疗旅游以及科技旅游等特色业态产品，推动文化旅游相关行业品牌互促互进。不断发展全域旅游，带来丰富的跨界业态组合，加快"三城三都"品牌共筑共建。

（三）以科技赋能为引擎，促进文旅产业转型升级

1. 促进现代科技在文旅产业的普及应用

一是以科技夯实文旅产业基础。以技术创新为驱动，以信息网络为基础，提供包括数字转型、智能升级、融合创新等服务在内的的文旅基础设施体系，完善旅游目的地 5G 基站、数据中心、融媒体

中心、云平台、智慧灯杆、宽带网络、智慧导览系统、地理信息系统等建设，夯实文旅产业数字化发展基础。① 二是打造文旅科技领军企业、标杆企业。加速高新技术在文旅领域的转化与应用，包括互联网、物联网、云计算、虚拟现实和大数据等领域。发展文旅新经济，建立文旅科技融合发展重点企业、项目和产品数据库，培育一批跨界融合的标杆企业、领军企业，实施一批文创科技融合重大项目，打造文旅科技融合发展的文创产业园、文创孵化器。三是支持文旅科技企业研发平台建设。推动企业与高校、科研机构合作，建立文旅科技融合的研发中心，并共同创建产业技术创新联盟、标准联盟和行业协会，旨在构建一系列集聚创新资源的研发转化平台。鼓励研发具有自主知识产权、引领新型文化消费的可穿戴设备、智能硬件、沉浸式体验平台、应用软件及辅助工具，推进智能制造、人工智能、机器人等先进技术成果应用于文化创意内容生产，加快先进舞台设备、新型影院系统等的集成设计和市场推广。② 四是以科技促进文旅产业升级。通过广泛应用大数据、互联网、元宇宙、区块链、人工智能等先进技术，为文旅产业的传统基础设施转型升级提供强有力的支持，从而形成融合型的文旅产业基础设施，如数字文创馆、数字非物质文化遗产馆、数字文化馆（公共文化云）。促进文旅产业应用软件易用性、功能性、可靠性和安全性的提升。

2. 推动文旅产业数字化转型

一是推动文旅产业数字化。推动数字文创和旅游、演艺、会展、体育等产业融合发展，加快培育交互式、体验式、沉浸式的融合新业态。推进建设智慧旅游景区，培育"沉浸式"文旅新业态，提升旅游产品开发和旅游服务设计的文化内涵及数字化水平，开展线上精准度假定制服务。打造"景区数字终端、互联网、手机"立体旅

① 吴丽云：《打造数字文旅 推动产业高质量发展》，《中国旅游报》2021年3月9日，第3版。
② 成都市文化体制改革和文化产业发展领导小组办公室、成都市社会科学院主编《成都市文化创意产业发展报告（2020）》，社会科学文献出版社，2021，第23页。

游综合服务平台，推出系列"云游成都"产品和服务，促进虚拟旅游展示等新模式创新发展。加快虚拟现实视频、"5G+VR+AI 云演艺直播新业态城市未来场景实验室"和"5G+4K/8K 超高清直播"等多元化交互场景优化升级。推出系列"云展览""云旅游""云展陈""云艺术品交易"等新模式。二是推进公共文化服务数字化。积极布局 5G、人工智能等"新基建"内容的体验空间，加强数字艺术、沉浸式体验、有声图书馆等新型文化业态在公共文化场馆的应用。加快公共文化设施的数字化升级，提供集成式、一站式、多媒体覆盖的智能化服务。将公共文化服务平台融入"智慧蓉城"建设，推进"文化天府——成都市公共数字文化服务云平台""成都数字图书馆""成都数字文博"，以及区（市）县公共数字文化服务平台技术应用迭代更新，加快微信小程序、App、微博等移动服务平台的建设，打造一站式"蓉城指尖文化"微信公共服务矩阵。强化"文化天府云"与"国家公共文化云"、"成都数字图书馆"与"国家数字图书馆"的互联互通和资源共享，打造"连接一切，无所不在"的公共数字文化服务。三是打造数字文旅消费新场景。推动数字文旅贯穿城市人文、生态、生活、生产、社区营造等领域，赋能城市经济社会发展。推动数字文旅业态与城市公共空间相结合，打造TOD 数字文旅城市综合体、TOD+5G 公园城市社区等。促进数字文旅与新型城镇化建设的各个环节深度融合，利用城市历史建筑、工业遗产、旧厂房、旧街区、旧仓库等存量空间发展数字文创产业，促进城市有机更新和产业转型升级。推动数字技术在乡村文脉保护传承、最美古镇古村落创建中的创新应用。鼓励区（市）县立足特色资源和产业优势，实施数字乡村建设试点示范工程，因地制宜发展数字文旅特色产业。四是推动城市场景迭代更新。以数字影视、数字音乐、数字艺术展示等赋能全市文旅产业园区、文旅街区。大力打造天府绿道、夜游锦江、金融城双子塔灯光秀、"城市之眼"丹景台等场景品牌。运用数字技术推动龙泉山城市森林公园、锦城公园、交子公园、天府芙蓉园等公园场景向"云上"拓展。推动天府绿道数字化升级，建设无线数字绿道、梦幻影像绿道、多彩灯光绿道、奇趣音乐绿道等，打造"沉浸式数字文创空间"。推动无人机表演、全息互动投影、夜间光影秀等数字化生活场景呈现，建设"智慧城市"幸福美好生活样本。

3. 加快提升文旅智慧化水平

一是推进智慧文旅建设。推动互联网、大数据和人工智能等新技术与文化旅游深度融合，加强相关信息基础设施建设。努力实现全国各级旅游景区能够覆盖国家 4G/5G 网络和高速宽带专线，以提供更便捷的网络服务。同时，积极推动资源保护数字化、经营管理智能化以及产业整合网络化，以实现文化旅游的可持续发展。二是培育智慧文旅新产品。通过鼓励定制、智能、互动等消费新模式的发展，打造沉浸式旅游体验新场景，引导开发数字化体验产品，让旅游资源借助数字技术"活起来"，同时引导线上用户转化为线下消费，积极培育"网络体验+消费"的发展新模式。[①] 打造一批智慧博物馆、智慧旅游景区、智慧旅游度假区、智慧酒店，支持旅游企业加快数字化转型。利用导引机器人、3D 建模、全息投影等升级一批博物馆、美术馆、遗址地和科普馆，大力发展非遗观光、文博旅游等细分领域，开发一批基于熊猫 IP、金沙 IP、三国文化 IP 的特色文旅衍生品。推进乡村旅游资源和产品数字化建设，开发以"科技+"为主的大众旅游消费新产品。推进全息互动投影、VR/AR/MR 等扩展现实、人机交互技术的创新运用。积极鼓励举办各类在线节庆、赛事和展会，以适应新时代的发展需求。同时推出一系列沉浸式体验的线上旅游产品，为游客提供更加丰富多样的虚拟旅游体验。三是加强智慧文旅管理。通过大数据、云计算、物联网等技术的普及应用，切实提升旅游管理水平。特别是推进旅游景区限量、预约、

---

① 郑蕊、吴其芸：《"十四五"文旅产业风向：首要推进融合发展》，《北京商报》2021 年 6 月 3 日，第 4 版。

错峰常态化，通过多渠道、分时段完善预约机制，通过流量监测和数据分析加强预警提示，切实提高管理效能。鼓励各旅游景区推出智慧化服务，如二维码验票入园、在线导航、语音导览、VR全景等，引导旅游地图、旅游资讯在数字终端的全面普及，以提升游客的体验。四是加快智慧文旅平台建设。以智慧城市治理体系建设为统揽，以数据共享为路径，倡导联动政府职能部门、企事业单位、社会组织和市场主体等，以促进涉旅信息系统业务的协同发展。加快智慧旅游平台建设，逐步构建以大数据为导向的管理决策机制，不断提升风险监测、趋势预判、统筹调度、信息分析能力。推进智慧治理与服务。推动旅游集散中心、咨询服务中心、旅游专用道路、景区内部引导标识系统、旅游厕所及停车场数字化与智能化改造，在数字终端提供信息查询、线路导航、意见反馈等服务。发挥旅游投诉数据的预警监督作用，实现远程监管、移动监管等非现场监管。

（四）以一体化为导向，推动区域文旅协同发展

1. 加强成渝双核互动

一是合力打造成渝品牌节会。整合成都、重庆城市双核文化共性及优势资源禀赋，共推一批具有双城联动性的品牌节会，通过常态化发展，形成特色文旅吸引极核。整合成渝川菜、火锅、小吃美食资源，打造川渝美食文化节。联动成都刘家琨、何多苓、周春芽、张晓刚等知名建筑师及艺术大家与重庆艺术及建筑院校资源，打造成渝艺术建筑双城双年展。发挥成都在动漫、电竞、手游等文化领域的资源及产业优势，与重庆此方面的资源进行深度联动，合力打造主题产业及活动展会。整合成都小酒馆、独立音乐公社、晓峰演音、明堂、CDC说唱会馆等全国知名原创音乐孵化器及厂牌资源，与重庆共同打造具有浓厚成渝文化元素的区域特色音乐节品牌。二是推进成渝两地文旅营销。积极与重庆合作，筹备两市联合营销协调办公室，形成将双城区域纳入一个文旅共同体市场进行整体营销

的一体化模式。深化宽窄巷子、洪崖洞"宽洪大量"文旅双城合作经验，推动双城文旅在线上营销、场景设置、主题旅游专线、城市旅游地图、城市主题专列展开全方位合作。推进成都、重庆两市互设文旅深度营销中心，实现旅游联合宣传效果。加大联合营销对外推广投放力度，充分利用传统报媒、城市平面广告、高铁机场到达广告、高铁飞机杂志、网络媒体、移动新媒体等多种方式，提升成渝双城区域文旅的认知度及影响力。三是探索成渝文旅一体化机制。推动建立成渝两地联席会议制度，执行主席由各成员城市进行轮值，每年通过定期会议、高峰论坛，务实推动区域文旅协作相关事宜。广泛邀请国内外知名文旅协会、文旅智库、文旅企业、文旅媒体，为成渝文旅协同发展提供交流合作平台。积极促进两地文旅联盟合作，深化成渝地区双城景区沿线城市文旅联盟及协会在旅游产品、线路、价格、政策上的互利合作，支持成都酒店业、民宿业、旅行社、文创研发、会奖旅游、文博艺术等企业主体富集的重点细分领域"出海"，与沿线重点城市构建商业联盟，促进产业合作及行业交流。

2. 促进成都都市圈文旅同城化

一是整合都市圈区域文化资源。整合古蜀文化、大熊猫文化、三国文化、南丝路文化、诗歌文化等天府文化核心资源，开发一批具有地域特色和历史韵味的主题文创产品，推动金沙—三星堆联合申遗，推出成乐环线、大熊猫生态文化、两汉三国、秦蜀古道、茶马古道、环龙门山、环龙泉山等文化旅游精品线路。打造以成都为核心、文旅竞争力强、国际影响力广的现代化城市群，带动环成都经济圈各城市文旅能级提升。二是强化都市圈文旅协同。建立文化旅游常态化合作交流机制，通过共推品牌、共建项目、共享平台，推动成都都市圈文旅一体化发展。作为区域首位城市，成都将充分发挥在文化旅游上的枢纽和主干作用，致力于打通巴蜀文化旅游走廊，同时积极推进"三城三都"建设，努力提升世界文化名城的知名度和美誉度。成都应当推进科技平台、金融平台、人力资源平台、开放平台、活动平台、营销平台等向走廊沿线地区开放。三是加强都市圈文旅宏观政策引导。由省同城办、成德眉资同城化文旅产业融合发展专项合作组牵头，联合四市文旅部门，共同编制《成都都市圈文旅融合发展规划》，明确文旅产业融合的重点领域、重点空间与重点任务，描绘成都都市圈文旅一体化发展"蓝图"。开展成都都市圈统计改革试点，建立成都都市圈文旅产业统计制度，深化旅游统计应用和大数据决策支撑，增强成都都市圈旅游产业动态跟踪、调查监测、统计分析、预测预判能力。由省同城办、成德眉资同城化文旅产业融合发展专项合作组牵头，定期编制《成都都市圈文旅融合发展报告》，加强都市圈文旅产业发展的理论研究。

3. 深化省域文旅合作

一是深化成都与川南文旅合作。川南经济区抢抓成渝地区双城经济圈、巴蜀文旅走廊建设新机遇，积极与成都建立川南旅游客源共享机制，加强区域内旅行社、酒店、景区等战略合作，推进旅游信息、票务等一体化①，探索推行旅游"一票通"，共同打造一批精品景区和旅游线路，建设长江上游黄金旅游带。重点打造以长江、沱江为纽带，以大竹海品牌和酒、灯、盐、龙、大千、石窟艺术、红色文化等地域特色文化为主题，灵活串联自贡、内江、宜宾、泸州、资阳的川南长江生态文化旅游线。二是深化成都与川西北文旅合作。川西北文旅资源丰富，拥有九寨国际旅游区、环贡嘎山生态旅游区、亚丁香格里拉核心旅游区、若尔盖红原草原湿地旅游区、大东女国文化旅游区等五大旅游精品区，唐卡、祥巴、羌绣、土陶等特色民族文化发展较好。川西北地区积极与成都开展文化旅游资源投资开发合作，加强区域文旅资源和旅游线路整合，协同打造一批世界级精品景区和旅游线路。重点打造以大香格里拉、大贡嘎品

---

① 肖格雅：《川南经济区全域旅游发展中政府协同研究》，硕士学位论文，西华师范大学，2021，第 54 页。

牌为核心，空中和地面相结合，串联甘孜、雅安、凉山、成都的香格里拉文化生态旅游线。三是深化成都与川东北文旅合作。成都应不断深化与"川东北旅联体"的合作，充分发挥川东北天府旅游名县5A级、4A级景区等优质文旅资源效应，共同挖掘蜀道文化、三国文化、巴文化、丝绸文化、红色文化，推进文化深度融合，抱团联合推介一批川东北文旅经济带旅游产品和精品旅游线路①，共同开展文化旅游和国内落地推广活动，形成强强联合、资源互通、互联互助的川东北文旅产业区，做大川东北区域旅游市场、做强区域旅游品牌、提升区域旅游品质，推动川东北文旅经济加速发展。重点打造以大蜀道品牌和大巴山山地风光、革命老区红色旅游为主题，灵活串联广元、巴中、达州、广安的秦巴山地康养度假旅游线。四是深化成都与攀西文旅合作。攀西地区旅游文化资源绚丽多彩，琼海、泸沽湖、贡嘎雪山、牛背山、稻城亚丁等旅游区在全国具有较高的知名度，自然景观、民俗民族文化极具特色。成都应深化与攀西文旅经济带的合作，培育一批区域市场竞争力和引领力较强的文化产品和文化品牌，建设凉山州脱贫攻坚全域实景博物馆，加快安宁河谷和金沙江沿岸农文旅融合发展，打造彝族文化和国际阳光康养度假旅游目的地。重点打造以阳光度假、彝族风情体验为主题，通过G5京昆高速、雅攀高速、成昆铁路，串联攀枝花、雅安、凉山的攀西阳光康养旅游线。

（五）以场景创新为支撑，加快文旅消费提质扩容

1. 创新文旅新消费场景

一是丰富文旅消费新场景。积极运用5G、超高清、增强现实、虚拟现实、人工智能等技术，开发数字博物馆、线上演艺、文博游、节会游、民俗游、工业游等具有成都特色的沉浸式体验型文化和旅

---

① 严波：《川东北天府旅游名县联合体成立》，《巴中日报》2021年10月19日，第A2版。

游消费内容，引导和培育网络消费、体验消费、智能消费等新模式。鼓励线下文化和旅游业态线上化，支持互联网企业打造数字精品内容创作和新兴数字资源传播平台。[①] 实施夜间消费创新行动，围绕"夜景、夜购、夜演、夜娱、夜宿、夜宴、夜学"七大业态，进一步丰富夜间文旅新消费场景。二是打造户外消费新场景。以公园、绿道网络为载体打造"公园生态游憩场景"，将消费融入生态环境，植入户外游憩、微度假、花卉园艺、亲子互动、公共艺术等功能，大力推行"公园+新消费"模式，打造体育赛事、商务展览、文化创意等绿色消费业态，让市民游客在"公园+""绿道+"场景感受具有蜀都味、国际范的公园城市生活魅力，让绿色生产简约生活成为最鲜明的人文特质。融合多元业态打造"体育健康脉动场景"，在城东体育公园、熊猫体育公园等植入体育运动消费项目，积极发展品牌赛事、运动旅游、康养度假等体育健康创新融合业态，让市民游客在体育健身活动和专业化"医疗+"服务中放慢生活节奏、调养身心。三是打造文旅特色街区（社区）。坚持"拆墙见景、理水筑景、环路观景、植业利景"理念，注重美学运用和文化特色，营造可参与、能共享的体验式社区美空间环境，持续擦亮成都社区美空间品牌。推动特色街区（社区）和商业运营充分结合，重点打造一批文化厚重、优雅时尚、业态丰富、配套完善的文商旅体融合发展的高品位特色街区，着力打造多元业态和特色文态有机融合的核心美食圈，打造"最具工业风""最具生活场景"的企业生活特色街区。四是创新公园城市新场景。积极融入公园城市示范区建设，按照"可阅读、可感知、可欣赏、可参与、可消费"的转化路径，构建凸显公园城市特点的"城市场景化、场景旅游化"的创新发展新赛道，推进公园城市多元空间场景旅游资源的价值转化，打造一批体验性强、互动性强、沉浸感强的示范性文旅项目。

---

① 　蹇莉、曹艺馨、刘晓娟等：《四川文化旅游融合发展路径探析》，《新西部》2022 年第 7 期。

2. 创新文旅新业态场景

一是聚焦文娱潮玩新业态。突出科技创新、融合创新和模式创新，规范发展一批弘扬社会主义核心价值观、兼具趣味性和社交性的"剧本杀"、主题密室、ARG（平行实境游戏）、RPG（角色扮演游戏）等沉浸式娱乐业态，鼓励市场主体通过抖音、小红书、快手、微信、微博等新媒体平台进行二次参与。新开发以"文旅+科技"为主的沉浸式夜市、夜食、夜展、夜秀、夜节等业态，打造一批"夜游集聚区"。引进一批世界级电竞赛事，开发具有成都特色的主题电竞、游戏 IP 和产品。① 二是聚焦影视动漫新业态。为了顺应文旅消费数字化新潮流，并抓住数字化文旅发展的新机遇，成都将通过线上线下融合的方式开拓数字交互蓝海，提升影视动漫产品与活动的交互性以及沉浸式体验水平。努力高质量建设数字主题 ACG 项目创客平台，引导影视动漫企业深入挖掘天府文化内涵，创作一批以双向交互为特色、故事主线和支线丰富多样、互动点和结局幕共存的原创动漫影视作品。同时，积极支持以成都影视城为代表的文创产业园区引进和孵化动漫影视实景娱乐。鼓励景区、乐园、大型商业综合体等重点关注泛二次元消费群体，举办多样化、沉浸式的动漫影视体验活动，并推动影院提档升级，加快 4D、5D、全息环屏等放映厅的建设。三是聚焦音乐演艺新业态。围绕建设高品质国际音乐之都，加快推进前沿技术如 AR、VR、5G 等的应用，深化音乐演艺产品和活动的交互体验，提升城市的浪漫包容感知度。鼓励金沙演艺综合体等演艺场馆规划建设一批沉浸式剧场、音乐厅、戏剧厅，同时加快打造沉浸式数字艺术馆和新潮 LiveHouse（现场音乐演艺空间）。引导龙头企业发展"云剧场""云节庆""云演出"等线上演艺形式，开发线上直播 XR 沉浸式虚拟云演唱会、数字音视频

---

① 《成都市人民政府办公厅关于印发培育文旅消费新业态推动文旅产业创新发展实施方案的通知》，四川省人民政府网，2022 年 1 月 30 日，https://cds.sczwfw.gov.cn/art/2022/1/30/art_15396_169716.html？areaCode=510100000000。

专辑、艺人直播秀等新产品。依托金融城双子塔、大邑县安仁古镇等城市地标和知名景区，深入挖掘蜀汉文化和传统民俗文化内涵，推出一批具有代表性和影响力的沉浸式音乐、戏剧、光影秀、演艺剧目，打造引人入胜的沉浸式旅游景区。四是聚焦生态畅游新业态。积极践行绿色发展理念，重点依托大熊猫繁育基地、青城山—都江堰等核心区域，深度挖掘公园城市和美丽乡村的丰富资源与壮丽景观，致力于升级和打造具有幸福度假新业态的公园旅游和乡村旅游。彰显雪山下独特的公园城市特色，借助山、水、林、田、湖、草等自然生态资源，以龙泉山城市森林公园、龙门山生态旅游带、天府绿道、川西林盘为重点，充分融入文化体验、乡村度假、康体养生等多种功能。同时专注于发展温泉康养、民俗农事体验等休闲度假综合业态，着眼于打造一批具有林盘特色的景区和时尚旅游目的地。

3. 创新大众消费场景

一是以沉浸式为导向打造大众文旅消费新空间。加强对"科技+旅游"引领的沉浸式、场景式、互动式新消费场景的构建。建成国内领先的文物与博物馆、书店、演艺、赛事、艺术空间五大体系，国家高等级博物馆、图书馆、美术馆、剧场和专业音乐厅等[1]，培育时尚文化街区和天府绿道"沉浸式文化空间"，重点推出"最成都·生活美学新场景"，打造"时尚天府"品牌。二是以文化消费为主导构建大众夜间消费场景。打造一批凸显城市地域文化的国家级夜间文旅消费集聚区，大力推进夜间文化旅游消费新地标建设，培育宽窄巷子、春熙路、望平坊、夜游锦江等夜间旅游景区、夜间视听剧苑、夜间文鉴艺廊、夜间亲子乐园、夜间医美空间、夜间乐动场馆、夜间学习时点、夜间购物潮地、夜间晚味去处、夜间风情街，淬炼高质量夜经济、塑造高格局夜文化的国际夜游之都。三是以文娱活动为目标营造大众文旅消费环境。充分利用元宵、清明、端午、

---

[1] 《中共成都市委 成都市人民政府关于实施幸福美好生活十大工程的意见》，《成都日报》2021年2月8日，第4版。

重阳、中秋等传统民间节日，创新消费主题与消费场景，建设全球标杆性的文化旅游广电类活动品牌，营造全民参与共享共创的消费氛围，更好地向世界传递成都声音、展示成都形象。传承打造"十二月市""都江堰放水节""洛带客家水龙节"等特色民俗活动。优化升级本土孵化的成都国际非遗节、网络视听大会、创意设计周等文创活动品牌，以及"蓉城之秋"成都国际音乐季、金芙蓉音乐比赛等音乐节会赛事活动品牌。充分利用公园城市建设的机遇与天府绿道的基础设施，以城市公园、天府绿道为载体，通过各种活动的策划、组织与实施，创新消费场景与消费体验，丰富大众的文化生活。

（六）以品牌塑造为抓手，扩大文旅国际影响力

1. 构建文旅国际品牌矩阵

一是构建世界级文旅品牌。依托资源本底、挖掘文化内涵、强化科技运用，打造一批资源景观独特、文化底蕴丰厚的世界级旅游产品，着力构建具有成都特质的世界级旅游核心产品体系。致力于提升大熊猫栖息地、青城山和都江堰的世界遗产价值，提升其品质和保护水平，同时传承和推广蜀锦文化。为游客提供独特的自然、文化和历史体验，打造全球知名的旅游目的地。支持金沙—三星堆遗址联合申遗，构建集遗产观光、研学教育和互动体验功能于一体的世界级遗产观光旅游景区。充分利用大熊猫主题文化，建设集游乐度假、主题演艺、科技创新、教育研学于一体的国际旅游度假目的地，创新打造成都熊猫国际旅游度假区。[①]围绕武侯祠博物馆，打造世界三国文化旅游目的地。以杜甫草堂为核心，打造成都诗歌文化圣地。推进大邑安仁中国博物馆小镇打造世界级博物馆群落。二是打造国家级文旅品牌。打造一批文化特色鲜明的国家级旅游休闲街区，加快平乐古镇-天台山、安仁古镇等创建国家 5A 级旅游景区，

---

① 《高质量打造全省文旅经济发展核心区 推动世界文化名城建设不断迈上新台阶》，《成都日报》2022 年 4 月 28 日，第 10 版。

推进西岭雪山-花水湾等成功创建国家级旅游度假区，加快推进一批国家生态旅游示范区、国家全域旅游示范区、国家乡村旅游重点村等品牌建设。① 三是构建区域级文旅品牌。推动天府旅游名县、天府绿道、林盘景区等形成区域级旅游品牌，支撑品牌结构体系。依托川西旅游环线以及川渝、川藏、川滇、川黔、川陕旅游线路，整合周边的旅游资源，建设巴蜀文化旅游走廊，并致力于打造西南地区旅游中心城市的区域品牌。

2. 打造世界级文旅 IP

一是引入国际性的强 IP 资源。有序引入主题乐园、文化音乐活动、大型会议和国际性赛事等强 IP 资源，促进知名 IP 品牌项目落地。重点招引乐高乐园、长隆主题公园等主题乐园项目。积极吸引国际文化音乐节、国际音乐颁奖典礼以及主题文化音乐活动来蓉举办。定期举办"一带一路"高峰论坛等国际峰会，争取设立永久会址，打造一批重量级的 IP。在国际性赛事方面，以大运会为契机积极争取国际赛事举办地，引进篮球世界杯、足球世界杯两大超强 IP以及电竞、极限、马术等新兴体育赛事 IP 项目。二是塑造现象级文旅 IP。充分挖掘世界遗产、大熊猫、古蜀文明等世界级旅游资源潜力，推进熊猫都、交子公园、天府绿道、美食之都等建设，加快核心景区提质扩容，培育成都旅游世界级品牌。② 积极创建国家级旅游景区、度假区、生态旅游示范区、中医药健康旅游示范区、全域旅游示范区和工业遗产旅游基地，塑造具有国际吸引力和竞争力的核心旅游品牌。加快平乐古镇-天台山、安仁古镇等创建国家 5A 级旅游景区，提升天府青城康养休闲旅游度假区的市场影响力。推动西岭雪山-花水湾旅游度假区创建国家旅游度假区，推动宝山旅游景区创建

① 《中共成都市委关于弘扬中华文明发展天府文化 加快建设世界文化名城的决定》，《成都日报》2019 年 1 月 16 日，第 1 版。
② 《推进"三城三都"建设 成都出台 6 个三年专项行动计划》，四川省人民政府网，2019 年8 月 28 日，https://www.sc.gov.cn/10462/10464/10465/10595/2019/8/28/f02e530f9fd041b58b338821120877dd.shtml。

国家生态旅游示范区。促进锦江区、温江区、都江堰市、邛崃市、崇州市、新津区、蒲江县等创建国家全域旅游示范区，打造以双线原点自驾露营公园为依托的沿国道317、318自驾旅游产业经济带。三是培育本土文化旅游IP群。充分利用IP在文商旅体融合中扮演的"桥梁"和"中枢"角色，着力在智慧会展、电子竞技、医美健康、乡村振兴、数字经济、线上直播等方面发挥成都特有的产业基础优势，推进本土化"IP+产业"的融合衍生，同时充分运用5G、人工智能、大数据等现代科技手段，赋能体验场景营造，促进文商旅体产业融合。在实现与国际接轨的同时依然能在特定领域拥有全球领先的旅游产品和服务体系，提升旅游业在全球的知名度及影响力。

3. 建立全球文旅营销媒体网络

一是建立国际性媒体营销矩阵。通过国际主流媒体、国际社交媒体、搜索工具、旅游专业媒体以及在线旅游营运商对成都国际旅游形象和文化旅游产品进行深度、全方位宣传。策划大事件营销，深度挖掘2~3个能够快速聚焦并引起受众共鸣的新媒体核心点，专注于打造具有全国影响力和传播力的营销事件，结合新媒体传播矩阵，联动自有平台和市场平台，缔造现象级营销效应。走进国际互联网社交平台，在Meta、Twitter等国际平台上，策划更多成都话题。联合日本NHK电视台、《朝日新闻》、BBC电视台、CNN电视台、《纽约时报》、法国电视台等各大知名主流媒体及猫途鹰、携程等专业旅游平台，支持每经英文网、成都发布、锦观、看度、YOU成都等新媒体品牌、市级媒体新闻和外宣网站的品牌化、平台化、国际化进程，打造成都文旅国际传播精品矩阵。二是创新文旅营销策略。以"雪山下的公园城市·烟火里的幸福成都"为城市旅游形象开展系列营销，组织开展"最成都·生活美学新场景"推选推介。搭建成渝地区双城经济圈、成德眉资同城化旅游发展一体化平台，共同推广跨区域精品旅游线路，联手开拓国际国内旅游客源市场。积极申办四川省文化和旅游发展大会，持续办好中国成都国际非遗节、成都双年展、大地艺术季、成都创意设计周、中国（成都）网络视听大会等文旅节会。建立与国内外高端媒体深度宣传合作机制，精准定位传播对象，精心打造传播内容，评估并反馈实施效果。实施天府文化推广计划，开展"大熊猫与世界"等重大活动，组织媒体互动、跨境采访，提升成都建设世界文化名城的国际辐射力、影响力、传播力。三是畅通民间合作交流渠道。坚持"渠道为王"，主动联系国际媒体，支持企业、学校、社会机构等成为传播主体，向境外主流媒体推送"成都故事"，深化国际友好城市、民间友好组织的双向旅游交流，以及国际友城媒体互访，用好驻蓉领事机构、国际友城、国际旅游组织等平台资源①，借助"部省对口合作计划""欢乐春节""感知中国"等对外文化交流项目，依托直航航线、国别合作园区、蓉欧快铁等开展国际营销，跨区域进行文化旅游交流合作，打造特色鲜明的对外文化旅游交流新品牌"天府文化周"活动，扩大成都形象海外传播覆盖面。

（七）以优质均衡为目标，优化文旅公共服务

1. 优化综合交通体系

一是构建链接全球的交通体系。积极推动航空、轨道和公路与旅游的全面融合发展，同时建设入境旅游综合枢纽。以天府机场和双流机场为依托，激励航空公司以成都为中心积极开通国际定期直飞航线，开辟更多联结成都国际友城的国际旅游包机航线。盘活既有铁路资源，推出旅游专列，构建以航空、高速铁路、城际铁路、高速公路、轨道交通为主骨架，以干线公路、景区专用道路及慢行交通系统为补充的多层次、全方位的旅游立体交通出行链。建设旅游中转门户，发挥成都对巴蜀文化旅游走廊节点城市的辐射和带动作用，整合高铁和动车线路，推动成都平原"1+7"城市群铁路公

---

① 田蓉：《担当"展形象"使命任务 加强新时代成都国际传播能力建设》，《先锋》2020年第5期。

化运营。二是构建成都风景廊道交通体系。依托 108、317、318 国道跨区域通道，开通"CITY TOUR"城市旅游观光巴士，推行景区直通车，将城市公共交通线路延伸到主要景区，做好乡村旅游点的交通接驳服务，推动乡村道路设施旅游化改造。构建休闲绿道网络体系，建设龙泉山城市森林公园旅游环线，形成绿色休闲廊道和文化展示走廊。三是推进景区交通便捷换乘。完善市域旅游公共交通体系，优化城区旅游观光专线，扩大景区直通车覆盖面。加快建设成都西部旅游环线、"两江一湖"成都港，加强机场、城市轨道交通、铁路枢纽、公交线路等与主要景区、特色小镇、川西林盘的无缝对接，实现便捷换乘。推动乡村道路设施的旅游化改造以及乡村旅游点的交通接驳设施建设。四是完善自驾游服务体系。发挥成都西部旅游集散中心的优势，打造"自驾天府"品牌。以龙泉山城市森林公园、国家级旅游度假区、天府绿道主要节点等为依托，规划建设 30 个国际化的房车自驾露营地。围绕旅游交通环线和旅游专线公路，按照国际标准新建和改建一批旅游休息站（点），推动实现城区全覆盖。

2. 优化提升文旅公共服务能力

一是推动文旅服务标准化建设。推广和实施旅游业国际标准、国家标准、行业标准、地方标准和企业标准体系，完善旅游住宿业（乡村民宿）标准体系建设，培育运作规范、管理先进、服务优质、具有高水平企业标准的旅游示范企业。推动旅游集散中心建设，完善旅游信息咨询服务体系和旅游标识系统，提升旅游公共服务水平。二是完善文旅服务设施功能。完善交通沿线、服务区、客运枢纽等文旅服务设施的功能。健全多语种标识体系，使其应用于旅游景区、度假区、休闲街区以及游客服务中心。持续开展旅游"厕所革命"，推动旅游景点厕所科学布局、达标建设、管理升级、服务优化、智能化，提高示范性 A 级旅游景点厕所占比。[①] 推动旅游接待场所升级成为老年人、

---

① 《高质量打造全省文旅经济发展核心区 推动世界文化名城建设不断迈上新台阶》，《成都日报》2022 年 4 月 28 日，第 10 版。

残障人士等群体服务的无障碍旅游设施，营造以人为本、游客至上的国际化旅游服务环境。三是提升文旅国际服务能力。严格按照国际和国家标准，突出"国际化、标准化、特色化"，在城市主要公共场所推行旅游标识牌双语化，加快主城区、旅游交通干道、景区旅游标识系统建设，全面完成现有 3A 级及以上旅游景区的交通引导标识、安全提示标识等各类标识的科学规划和规范设置工作。在国际消费中心城市建设中，积极融入并规划建设 100 多个旅游购物商店（提供离境退税服务）于机场、中心城区、交通枢纽和重要景区等地。同时探索数字人民币涉外使用，为游客提供更加便捷的国际化旅游消费服务。

3. 加快推动文旅新基建

一是加快文旅区域移动网络覆盖。推进文化和旅游重点区域 5G 网络全域覆盖，加强物联网设施建设，实现对公众、文化旅游资源、设施设备和生态环境的即时监测与管理。构建文旅大数据资源体系，采集跨界文旅相关数据，基于当地政务云，统筹规划建设县（市、区）文化和旅游大数据中心。建设公共安全视频监控系统，实现安全管理、游客和车辆统计、越界报警等。建设公共广播系统，在主要景点、主要游线、游客聚集地、安全隐患点等区域提供数字音频广播服务。建设智能停车系统，支持车位预约、停车引导、智能寻车、无感支付等应用。二是提升文旅公共服务平台功能。全面推进建设并升级"智游天府"文化和旅游公共服务平台，推动与各县（市、区）文化和旅游大数据中心的互联互通，实现各地文旅数据的自动归集、集中存储、快速处理和应用共享，提升全市文旅行业运行管理和决策能力。三是建设智慧文旅公共服务平台。通过建设智慧景区公共服务平台，实现游客投诉咨询、景区导航导览、景区内业态及产品预约预订、电子支付、游客评价、便捷服务等。建设视频监控系统、公共广播系统、智能停车系统、信息发布系统、地理信息系统，实现信息安全保护。通过建设文旅宣传营销平台，提供信息发布和宣传渠道，多渠道销售旅游产品，进行消费和客流等趋势分析与预测，具备为县域城市品牌推广、策略制定、活动策划、危机公关、新产品研发提供数据支撑的能力。

（八）以要素供给为保障，优化文旅发展环境

1. 加大资金扶持力度

一是优化文旅专项资金支持。优先推荐符合条件的文旅新业态示范项目，争取文创、旅游、体育、新经济、服务业等财政专项资金支持。[①] 引导金融机构和产业基金加强对示范项目的金融支持，同时优化成都市文旅产业发展资金的支持方向。加大对世界级和国家级文旅资源品牌、乡村旅游转型升级、智慧文旅建设、自驾车营地项目建设等的资金支持力度。二是给予本地文旅企业资金支持。加强对本地重点企业的扶持、对小微企业产品的孵化。有效保障企业项目土地供给，加大产业项目配套服务设施的建设支持力度，对符合国家产业政策、投资大、市场前景好的重点文旅企业项目优先安排供地。对文旅创新创业企业优先安排用地计划指标。三是完善文旅专项投资基金建设。发挥成都重大产业化项目投资基金、成都市交子产业基金（现代服务业领域）、成都市文旅产业发展投资基金等产业基金作用，探索设立市级旅游发展投资基金，用好成都市文化和旅游金融服务中心，加强对文创和旅游企业的金融服务，同时鼓励地方特色金融机构在文创集聚区、示范园区、孵化平台设点经营。鼓励各区（市）县针对文旅产业设立政府投资引导基金，支持文旅产业培育发展。

2. 支持新技术应用普及

一是支持使用新型研发技术。支持有实力的企业建立研发中心、技术中心，加快建设技术共享服务平台、产业技术开发平台。[②] 支持

---

① 《成都市人民政府办公厅关于印发培育文旅消费新业态推动文旅产业创新发展实施方案的通知》，四川省人民政府网，2022 年 1 月 30 日，https://cds. sczwf. gov. cn/art/2022/1/30/art_15396_169716. html? areaCode＝510100000000。

② 卢俊安：《地方政府引导文化产业发展能力的现状与对策研究》，硕士学位论文，湘潭大学，2017，第 26 页。

发展数字版权保护、隐私保护、网络与信息安全监测等关键技术，加速科技文旅成果转化和产业化。高水平举办全球创新创业交易会、国际非遗节等大型展会，打造文旅重点领域的全球交易平台。支持成都知识产权交易中心建设，鼓励建立以 IP 为核心的产权交易平台。二是加快新技术应用创新。支持文旅企业和科技企业强强联合，开发面向游客的具备智能推荐、智能决策、智能支付等综合功能的旅游平台和系统工具，推进全息展示、可穿戴设备、服务机器人、智能终端、无人机等技术的综合集成应用[1]，提升旅游服务的便利度和安全性。三是建设文旅信息服务平台。支持各级政府开发建设集行政管理、政策发布、情报咨询、项目申报、资金扶持、产品展销等内容于一体的文旅产业公共服务平台，支持建立文创园区、基地开发服务园区、基地内文旅企业的综合信息平台。

3. 打造专业化人才队伍

一是组建世界智库团队。组建高质量文化旅游智囊团队，联合国际旅游组织、国内外知名科研院所、文化旅游专家等为成都建设世界旅游名城提供高端专业咨询服务。支持本土文旅企业与知名文旅学院、高校研究机构等通力合作，持续吸引和输送文化旅游行政管理人才、专业技术人才、经营管理人才、急需紧缺人才等来蓉发展，营造高层次人才、青年人才、基层人才在蓉安居乐业、创新创业的良好环境。二是建设国际化高端人才培养平台。通过与高等院校合作，设立一批高水平的文化艺术人才工作室和紧缺艺术人才创新工作室，同时支持高等院校、科研院所和文化旅游企业共同建立人才实训基地。深化校企合作，实施以职业技能培养为中心的教学模式。加快培养国际化、高起点的技术技能人才。创新人才培养方式，采用订单培训、网络培训、现场实训、挂职交流、技能大赛等多样化的方法，致力于提升行政管理专业、企业经营管理专业技术

---

[1]　吴柯：《安顺古城文化旅游综合体营销策略研究》，硕士学位论文，贵州大学，2022，第25页。

人才、旅游技能人才和乡村实用人才等文化旅游人才的综合素质。三是实施文旅产业链人才计划。尽快编制出台《文旅产业链人才开源计划》和《文旅产业建圈强链人才计划》。链接链主企业、投资机构、领域先行者、生态伙伴等资源，鼓励文旅园区（功能区）、链主企业等建设人才集聚服务创新平台，联合引育产业链领军人才，支持文旅重点企业引进急需紧缺人才，落实人才培养激励政策。发挥驻蓉高校（学院）资源优势，鼓励文旅企业与驻蓉高校（学院）合作开展文旅领域复合化、专业型人才培养工作，合作建设实训（实习）基地。四是优化人才培养和激励机制。以内容创作、项目策划、创意设计、经营管理、投资运营、文化金融、国际合作等为重点领域开展人才培育工作。完善适合文创、旅游等产业人才发展的政策，优先推荐示范项目、领军企业管理人员和创新团队核心人员入选"蓉漂计划""产业生态圈人才计划""成都人才新政 12 条"等人才计划，享受相关扶持政策。①

---

① 《成都市人民政府办公厅关于印发培育文旅消费新业态推动文旅产业创新发展实施方案的通知》，四川省人民政府网，2022 年 1 月 30 日，https://cds.sczwfw.gov.cn/art/2022/1/30/art_15396_169716.html？areaCode=510100000000。

参考文献

安金明主编《北京旅游发展报告（2019）》，社会科学文献出版社，2019。

曹淅源、任鸿：《进一步推进对外开放合作》，《四川日报》2022年2月22日。

陈锴竑主编《扬州经济社会发展报告（2020）》，社会科学文献出版社，2021。

陈璐主编《京津冀协同发展报告（2018）》，社会科学文献出版社，2017。

陈文、游钰：《论区域经济一体化与竞争机制的完善》，《武汉大学学报》（哲学社会科学版）2010年第3期。

《成都建设践行新发展理念的公园城市示范区总体方案》，《先锋》2022年第3期。

成都市发展和改革委员会、成都市经济发展研究院：《成都融入"一带一路"发展报告（2021）》，2022。

《成都市人民政府办公厅关于印发培育文旅消费新业态推动文旅产业创新发展实施方案的通知》，四川省人民政府网，2022年1月30日，http://cds.sczwfw.gov.cn/art/2022/1/30/art_15396_169716.html？areaCode=510100000000。

成都市文化体制改革和文化产业发展领导小组办公室、成都市社会科学院主编《成都市文化创意产业发展报告（2020）》，社会科学文献出版社，2021。

程锦、陆林、朱付彪：《旅游产业融合研究进展及启示》，《旅游学刊》2011年第4期。

程雷：《都市圈旅游系统组织结构、演化动力及发展特征》，《旅游纵览（下半月）》2019年第4期。

《从营商环境进阶看成都吸引力》，《中国中小企业》2022年第12期。

董红燕：《福州都市圈的形成与发展》，《中国投资》2022年第Z4期。

段祯：《世界文化名城建设 成都做对了什么?》，《成都日报》2022年3月5日。

方忠、张华荣：《文化产业与旅游产业耦合发展的实证研究——以福建省为例》，《福建师范大学学报》（哲学社会科学版）2018年第1期。

《高质量打造全省文旅经济发展核心区 推动世界文化名城建设不断迈上新台阶》，《成都日报》2022年4月28日。

谷建全主编《河南文化发展报告（2020）》，社会科学文献出版社，2020。

郭鲁芳：《文化旅游日益青睐》，《国际市场》1999年第5期。

郭榛树主编《南京文化发展报告（2016）》，社会科学文献出版社，2016。

何一民、何永之、张擎等：《新时代非遗保护传承与发展的新路径新特点——立足于成都非遗"双创"与世界文化名城建设的考察》，《中华文化论坛》2023年第1期。

洪学婷、黄震方、于逢荷等：《长三角城市文化资源与旅游产业耦合协调及补偿机制》，《经济地理》2020年第9期。

寋莉、曹艺馨、刘晓娟等：《四川文化旅游融合发展路径探析》，《新西部》2022年第7期。

蒋君芳：《加大对市场主体的呵护是一大亮点》，《四川日报》2022年

6 月 22 日。

李春梅:《绵阳文旅推介活动走进成都宽窄巷子》,《绵阳日报》2022
年 11 月 12 日。

李国平、王志宝:《中国区域空间结构演化态势研究》,《北京大学
学报》(哲学社会科学版) 2013 年第 5 期。

李沛霖:《伦敦都市圈生活功能建设经验及对我国都市圈发展的启
示》,《中国经贸导刊》2021 年第 21 期。

李瑞琪:《文旅融合背景下巴蜀文旅品牌建设研究》,《商展经济》
2022 年第 1 期。

李艳玲:《2021 年成都服务业占经济总量比重达到 66.4%》,《成都
日报》2022 年 3 月 18 日。

李艳玲:《成都市常住人口突破 2000 万》,《成都日报》2021 年 5 月
27 日。

刘春香、温小娟:《推动文旅文创成战略性支柱产业》,《河南日报》
2022 年 1 月 19 日。

刘睿:《国内外旅游化研究综述》,《旅游学刊》2015 年第 30 期。

刘帅:《中国经济增长质量的地区差异与随机收敛》,《数量经济技
术经济研究》2019 年第 9 期。

刘泰山:《2021 年成都 GDP 增长 8.6%》,《成都日报》2022 年 1 月
22 日。

刘泰山:《成渝将共同开展绿色金融改革创新》,《成都日报》2022
年 12 月 30 日。

刘泰山、孟浩:《增强西部金融中心辐射能力 擦亮国际消费中心城
市标识》,《成都日报》2022 年 5 月 30 日。

刘岩、董慰、王乃迪等:《特色文化城市与新型城镇化耦合协调关系
分析——以中国五个城市为例》,《城市发展研究》2021 年第
12 期。

刘洋、龙希成:《成渝实践公共服务共建共享》,《民生周刊》2022

年第 23 期。

刘治彦：《文旅融合发展：理论、实践与未来方向》，《人民论坛·学术前沿》2019 年第 16 期。

卢俊安：《地方政府引导文化产业发展能力的现状与对策研究》，硕士学位论文，湘潭大学，2017。

卢坤建、刘生华、罗繁明主编《粤港澳大湾区会展旅游酒店发展报告（2020）》，社会科学文献出版社，2021。

陆林：《都市圈旅游发展研究进展》，《地理学报》2013 年第 4 期。

蒙小军、蒋强、卢根旺：《关于巴蜀文化旅游走廊建设情况专题调研报告》，《民主法制建设》2023 年第 2 期。

潘立新、吴俏、刘晓莉等：《合肥都市圈旅游一体化战略提升研究》，《滁州学院学报》2019 年第 8 期。

彭华、戴富丽：《川渝一家亲 来雅"森"呼吸》，《雅安日报》2022 年 7 月 8 日。

蒲婷、赵玉洁、唐春梅：《传播学理论指导下的都江堰城市形象外宣翻译策略研究》，《湖北开放职业学院学报》2021 年第 6 期。

邱海莲、由亚男：《旅游廊道概念界定》，《旅游论坛》2015 年第 4 期。

施小琳：《为成渝共建西部金融中心贡献成都力量》，《中国金融》2022 年第 4 期。

《"十四五"文化和旅游发展规划》，《中国文化报》2021 年 6 月 3 日。

孙继琼：《以"三化"为抓手 促进制造业高质量发展》，《先锋》2023 年第 2 期。

孙佼佼：《长三角旅游一体化：理论发展与欧洲启示》，《苏州科技大学学报》（社会科学版）2019 年第 2 期。

《提升创新策源和成果转化能力 加快建设具有全国影响力的科技创新中心》，《先锋》2022 年 7 月 15 日。

田德新、周逸灵：《加拿大里多运河文化旅游管理模式探究》，《当代旅游》2021年第1期。

田浩洋：《交通运输体系全方位变革 枢纽能级优势全方位跃升》，《成都日报》2020年12月31日。

田蓉：《担当"展形象"使命任务 加强新时代成都国际传播能力建设》，《先锋》2020年第5期。

田蓉：《推动天府文化创新性发展 协同打造巴蜀文化旅游走廊》，《先锋》2020年第7期。

田志奇：《文旅融合下旅游目的地互联网思维的产品营销及创新》，《旅游学刊》2019年第8期。

屠启宇主编《国际城市发展报告（2012）》，社会科学文献出版社，2012。

王超：《成渝地区双城经济圈协同创新的空间关联效应与耦合机制研究》，《中共乐山市委党校学报》2022年第11期。

王嘉：《成都底气何在?》，《成都日报》2022年3月6日

王嘉：《成都有哪些加分项?》，《成都日报》2021年12月20日。

王嘉：《规划建设新时代城市十大文化地标》，《成都日报》2022年8月22日。

王嘉：《文创产业增加值占GDP比重2020年首次突破10%》，《成都日报》2021年4月8日。

王伟：《成渝地区双城经济圈综合交通运输体系建设与发展研究》，《当代经济》2022年第4期。

王文祥：《文化旅游产业国内外研究综述》，《学术交流》2010年第11期。

王垚：《公园城市示范区，人才聚集新高地》，《成都日报》2022年4月14日。

吴柯：《安顺古城文化旅游综合体营销策略研究》，硕士学位论文，贵州大学，2022。

吴丽云：《打造数字文旅 推动产业高质量发展》，《中国旅游报》

2021 年 3 月 9 日。

吴晓铃、吴梦琳、杨艺茂：《牢记嘱托 让文化自信自强浸润巴山蜀水》，《四川日报》2022 年 11 月 9 日。

吴怡霏：《全球科创中心百强 成都连续四年上榜》，《成都日报》2022 年 8 月 5 日。

向宝云主编《四川文化产业发展报告（2021）》，社会科学文献出版社，2021。

肖格雅：《川南经济区全域旅游发展中政府协同研究》，硕士学位论文，西华师范大学，2021。

徐菊凤：《旅游文化与文化旅游：理论与实践的若干问题》，《旅游学刊》2005 年第 4 期。

薛帅：《积极探索文化和旅游促进共同富裕的有效路径——文化和旅游部政策法规司相关负责人就〈关于高质量打造新时代文化高地推进共同富裕示范区建设行动方案（2021—2025 年）〉答记者问》，《中国文化报》2021 年 11 月 25 日。

薛秀青、白明刚、乔良等：《基于"点—轴"理论的京张体育文化旅游带建设研究》，《地理与地理信息科学》2022 年第 6 期。

闫新宇、成德：《共建世界知名文化旅游目的地》，《四川经济日报》2021 年 7 月 15 日。

严波：《川东北天府旅游名县联合体成立》，《巴中日报》2021 年 10 月 19 日。

阎星、尹宏等：《传承与创新——文创中心建设之文化产业发展》，四川大学出版社，2018。

杨媛媛、罗永刚、李强等：《重庆都市圈旅游景区空间集聚特征研究》，《重庆理工大学学报》（社会科学）2014 年第 12 期。

意娜：《国际化大都市的文化创意产业发展战略——以纽约市为例》，《中原文化研究》2020 年第 2 期。

殷为华、刘楠楠、鲁飞宇：《长江经济带文旅产业融合发展水平测度及空间演化研究》，《世界地理研究》2022 年第 31 期。

尹宏、冯婵：《成都建设世界旅游目的地城市的条件优势、制约因素
与路径选择》，《成都行政学院学报》2015 年第 6 期。

尹伟、秦珺、黄园林等：《巴蜀文化旅游走廊评价与建设研究》，
《西部人居环境学刊》2022 年第 6 期。

于帆：《加强典型引路 持续激发文旅产业新生力》，《中国文化报》
2022 年 6 月 28 日。

于秋阳、王倩、颜鑫：《长三角城市群文旅融合：耦合协调、时空演
进与发展路径研究》，《华东师范大学学报》（哲学社会科学版）
2022 年第 2 期。

张朝枝、朱敏敏：《文化和旅游融合：多层次关系内涵、挑战与践行
路径》，《旅游学刊》2020 年第 35 期。

张和平：《杭州都市圈体育旅游一体化发展研究》，《沿海企业与科
技》2021 年第 5 期。

张珺、李萌、武田冀：《基于增长极理论的区域一体化发展中的应
用》，《对接京津——新的时代 顶层设计论文集》，河北廊坊，
2022 年 11 月 20 日。

张其学、陆志强、涂成林主编《中国广州文化发展报告（2020）》，
社会科学文献出版社，2020。

张晓虎：《增长极理论对区域经济发展的启示》，《内蒙古民族大学
学报》（社会科学版）2015 年第 3 期。

张晓明主编《中国文化发展研究报告（2017~2020）》，社会科学文
献出版社，2020。

赵弘、刘宪杰：《以现代化都市圈建设推动京津冀世界级城市群高质
量发展》，《经济论坛》2022 年第 8 期。

赵磊：《中国旅游全要素生产率差异与收敛实证研究》，《旅游学刊》
2013 年第 11 期。

赵嫚、王如忠：《中国文化产业和旅游产业融合发展动力机制与发展

评价》，《生态经济》2022 年第 2 期。

郑蕊、吴其芸：《"十四五"文旅产业风向：首要推进融合发展》，
《北京商报》2021 年 6 月 3 日。

郑正真、张萌：《新形势下巴蜀文化旅游走廊建设路径研究》，《重
庆行政》2022 年第 2 期。

《中共成都市委 成都市人民政府关于实施幸福美好生活十大工程的
意见》，《成都日报》2021 年 2 月 8 日。

《中共成都市委关于弘扬中华文明发展天府文化加快建设世界文化名
城的决定》，《成都日报》2019 年 1 月 16 日。

中国古都学会：《中国古都学会成都共识》，《中国古都研究（第三
十一辑)》，成都，2016 年 12 月 1 日。

周文英、刘琼英：《成都地名文化遗产的保护与旅游开发研究》（英
文），*Journal of Resources and Ecology* 13（2022）：1109-1115。

朱洪端、杨惠玲、曾维静：《基于共生理论的成渝双城旅游产业协同
发展研究》，《西部旅游》2022 年 11 月 8 日。

卓超、杨钊主编《杭州都市圈发展报告（2020）》，社会科学文献出
版社，2020。

邹芸：《文化创意产业和旅游产业融合路径选择——以成都市为例》，
《旅游纵览（下半月）》2017 年第 6 期。

A. Brown, J. O'Connor, S. Cohen, "Local Music Policies within a
Global Music Industry: Cultural Quarters in Manchester and Shef-
field," *Geoforum* 31（2000）: 437-451.

D. Buhalis, A. Amaranggana, "Smart Tourism Destinations Enhancing
Tourism Experience Through Personalisation of Services," in Iis
Tussyadiah and Alessandro Inversini（eds.），*Information and
Communication Technologies in Tourism* 2015（Springer, 2015），
pp. 377-389.

E. Azmi, M. Z. Ismail, "Cultural Heritage Tourism: Kapitan Keling

Mosque as a Focal Point & Symbolic Identity for Indian Muslim in Penang," *Procedia-Social and Behavioral Sciences* 222 (2016): 528-538.

J. Connell, "The Cultural Moment in Tourism," *Tourism Management* 40 (2014): 448-449.

后　记

　　本书根据"巴蜀文旅走廊极核城市建设路径"课题研究成果深化拓展而成。建设巴蜀文化旅游走廊，是推动成渝地区双城经济圈建设的重要内容和打造全国文旅发展新增长极的重大举措。文化和旅游部、国家发展改革委、重庆市人民政府、四川省人民政府联合印发的《巴蜀文化旅游走廊建设规划》，要求以重庆主城和成都双核为驱动，推动共建巴蜀文化旅游走廊，打造国际范、中国味、巴蜀韵的世界级休闲旅游胜地。本书积极回应国家战略部署，以巴蜀文化旅游走廊极核城市之一的成都为研究对象，全面对接成渝地区双城经济圈建设这一国家区域发展重大战略，聚焦国际消费目的地建设，围绕全国文化旅游发展创新改革高地、全国文化和旅游协同发展样板、世界级休闲旅游胜地三个建设定位，系统阐释巴蜀文化旅游走廊建设的理论基础，立足巴蜀文化旅游走廊建设基础，分析成都建设巴蜀文化旅游走廊极核城市的优势条件和主要挑战，借鉴国内外文旅极核城市建设的先进经验，提出成都建设巴蜀文化旅游走廊极核城市的总体思路和路径选择，为成都提升主干极核位势能级、更好发挥文化旅游的支撑引领和辐射带动作用、打造全国文化和旅游发展新增长极提供了决策参考。

　　本书由成都市社会科学院具体组织承担，并联合成都大学相关专家学者组成撰写组。全书研究框架由成都市社会科学院尹宏研究员设计拟定。全书的写作分工如下：绪论，成都市社科联李春艳副主任、副研究员，余梦秋副主任、副研究员；第一章，成都市社科联李春艳副主任、副研究员；第二章，成都市社科联李春艳副主任、副研究员；第三章，成都市社科联李春艳副主任、副研究员，余梦秋副主任、副研究员，成都市社科院郭雪飞副研究员；第四章，成都市社会科学院赵嫚助理研究员；第五章，成都市社会科学院郭雪飞副研究员；第六章，成都市社会科学院赵嫚助理研究员；第七章，成都市社会科学院卢晓莉副研究员；第八章，成都大学旅游与文化产业学院眭海霞教授。最后，由尹宏、李春艳和余梦秋对全书进行审定和修改。

本书最终得以付梓，不仅得益于课题组全体同仁的通力合作，更得益于成都市文化广电旅游局等相关部门的大力支持。在此，特致以最诚挚的感谢！

需要特别说明的是，由于本书是国内较早研究巴蜀文化旅游走廊极核城市建设的学术专著，能够借鉴的学术文献相对较少，且川渝共建巴蜀文化旅游走廊的实践尚处于起步阶段，因此本书的研究在广度和深度上还有待拓展，敬请读者不吝赐教，我们将在后续研究中努力完善。

图书在版编目（CIP）数据

巴蜀文化旅游走廊极核城市建设：理论、基础与成
都实践 / 尹宏，李春艳，余梦秋等著 . --北京：社会
科学文献出版社，2024.9. --ISBN 978-7-5228-4137-3

Ⅰ.F592.771.1

中国国家版本馆 CIP 数据核字第 2024JK8854 号

巴蜀文化旅游走廊极核城市建设：理论、基础与成都实践

著　　者 / 尹　宏　李春艳　余梦秋 等

出 版 人 / 冀祥德
责任编辑 / 韩莹莹
文稿编辑 / 陈丽丽
责任印制 / 王京美

出　　版 / 社会科学文献出版社·人文分社（010）59367215
　　　　　　地址：北京市北三环中路甲 29 号院华龙大厦　邮编：100029
　　　　　　网址：www.ssap.com.cn
发　　行 / 社会科学文献出版社（010）59367028
印　　装 / 三河市龙林印务有限公司

规　　格 / 开本：787mm×1092mm　1/16
　　　　　　印 张：12.5　字 数：169 千字
版　　次 / 2024 年 9 月第 1 版　2024 年 9 月第 1 次印刷
书　　号 / ISBN 978-7-5228-4137-3
定　　价 / 98.00 元

读者服务电话：4008918866